전라도말의 뿌리 (개정판)

위평량

전라도말의 뿌리 (개정판)

초   판   2020년 11월 19일
개정판 1쇄 2021년 08월 27일

지은이   위평량

편집   김지홍
디자인   조혜원

펴낸이   김지홍
펴낸곳   도서출판 북트리
주소   서울시 금천구 서부샛길 606 30층
등록   2016년 10월 24일 제2016-000071호
전화   0505-300-3158 | 팩스 0303-3445-3158
이메일   booktree11@naver.com
홈페이지   http://booktree11.co.kr

값   16,000원
ISBN   979-11-6467-083-3 03700

· 이 책은 저작권에 등록된 도서로 저작권법에 따라 무단전재 및 복제와 인용을 금지합니다.
· 이 책 내용의 전부 및 일부를 이용하려면 저작권자와 도서출판 북트리의 서면동의를 받아야 합니다.
· 잘못된 책은 구입하신 서점에서 바꾸어 드립니다.

개정판

전라도말의 뿌리 根

위평량 지음

추천의 글

　말은 모름지기 지리적 조건이나 사회적 조건에 따라 여러 가지 모습으로 나타나는 것이 특성이다. 우리말도 마찬가지다. 차를 타고 한 시간만 나가면 평소에 듣지 못한 낯선 말을 경험할 수 있다. 내가 사는 곳에서 멀어지면 말도 달라지는 것이다. 말은 또한 직업이나 계층에 따라 달라진다. 이처럼 다양한 조건에 따라 한 언어 안에서 나타나는 언어의 변이 양상을 흔히 '방언'이라 부른다.

　방언은 흔히 표준어와의 대립 속에서 정의되곤 한다. 표준어가 서울의 말이라면 방언은 서울 이외의 지방말이라는 생각이 그것이다. 이런 대립 관계 속에서 방언은 부정적으로 인식되고, 그 결과로 부당한 대접을 받아 왔다. 품위가 없는 말, 우리말에서 사라져야 할 잡초 정도로 여겨져 온 것이 사실이다. 그러나 방언은 우리말의 귀한 보물이다. 방언에는 표준어가 갖지 못한 여러 가지 귀한 가치가 숨어 있기 때문이다. 우선 방언이 있음으로써 우리말은 다양성을 갖게 된다. 다양한 민족, 다양한 문화를 접할 때 우리의 시야는 넓어지고 생각도 열리게 된다. 마찬가지로 다양한 방언을 접함으로써 자신의 말에만 집착하는 우월적 의식을 떨쳐 버릴 수 있다.

　방언에는 우리말의 역사를 보여주는 귀한 자료가 많다. 표준어에서는 이미 사라진 옛말의 흔적 또는 화석이 방언에 남아 있는 수가 많기 때문이다. 그래서 방언은 옛날 문헌과 함께 우리말의 역사를 알려 주는 귀중

한 자료의 가치가 있다.

　방언에는 그 지역 사람들의 삶의 모습이 투영되어 있다. 무엇을 먹고, 어디에서 살고, 사람들끼리의 관계는 어떻게 이루어지고, 어떤 동물들을 기르는지 등이 그 지역 방언 속에 드러나 있기 때문이다.

　이처럼 귀한 가치를 지닌 방언들이 그러나 점점 사라져가고 있으며 그 소멸 속도는 갈수록 빨라지고 있다. 오늘날 사람들은 마치 옛날의 한 마을 사람들처럼 가깝게 살고 있다. 그래서 말도 차이가 없게 되었다. 거기에 교육을 통해 표준어가 광범위하게 보급되었고, 날이면 날마다 라디오와 텔레비전을 통해 표준어의 집중적인 세례를 받다 보니, 표준어로의 단일화가 이루어진 것이다.

　이러한 방언의 위기 상황 속에서 위평량 선생이 '전라도말의 뿌리'라는 귀한 책을 내었다. 위평량 선생은 고등학교에서 국어 교사로 재직하면서도 한편으로 방언에 대한 박사학위를 갖고 있을 정도로 학문적 열의가 대단한 분이다. 그러한 위 선생이 정년을 앞두고 이 지역 학생들, 교사들 그리고 방언에 관심 있는 일반인들을 대상으로 일상에서 쉽게 접할 수 있는 전라도 방언들을 골라 그 쓰임과 어원을 탐색한 글을 모아 한 권의 책으로 내놓게 된 것이다. 학생들을 가르치는 틈틈이 시간을 내어 이런 책을 내었다니 우선 그 열정에 감탄할 뿐이다.

　책의 원고를 읽어보니 아주 흥미롭다. 이야기의 대상으로 삼은 방언의 낱말 하나하나가 다 일상생활에서 쉽게 들을 수 있는 정겨운 이 지역 방언이기 때문이다. 이들 방언 낱말에 대해 위평량 선생은 토박이들이 그 낱말들을 실제로 어떻게 쓰는지를 구체적인 예를 통해 보여주고, 덧붙여 해당 낱말에 대한 어원을 탐색하였다.

우선 이 책에서 다루고 있는 낱말들은 전라도 지역의 삶 속에서 일상적으로 쓰이던 말이니, 이를 통해 이 지역 사람들의 과거 생활을 찾아볼 수 있게 된다. 과거 농업 위주의 전통사회의 모습을 이들 낱말들을 통해 복원할 수 있으니, 어린 학생들이나 젊은 세대에게는 부모나 조부모 세대의 삶의 모습을 이해하는 기회가 될 것이다.

방언 낱말에 대한 어원 탐색도 흥미로운 주제이다. 낱말의 정확한 어원을 찾는 일은 결코 쉬운 일이 아니다. 이를 위해서는 옛말에 대한 방대한 지식, 그리고 우리말 어휘나 조어법에 대한 정밀한 지식이 필요하기 때문이다. 이 책의 독자가 10대의 청소년들, 그리고 언어학에 대한 전문적인 지식이 없는 일반인임을 고려할 때 그처럼 엄밀한 수준의 어원까지 밝힐 필요는 없다고 본다. 그 어원에 대한 여러 가능성을 제시하는 정도로 만족하는 것이 좋을 듯한데, 위평량 선생의 어원 작업은 독자들의 눈높이에 맞는 적당한 수준에 와 있다고 하겠다.

이처럼 '전라도말의 뿌리'는 전라도 방언에 대해 잘 몰랐던 청소년들, 그리고 방언에 대해 아무런 관심을 가지지 못했던 이 지역 젊은 세대들에게 새로운 자극을 주기에 충분한 책이다. 아무쪼록 이 책이 글쓴이의 뜻대로 우리말에 대한 인식을 높이고, 우리말의 지평을 넓히는데 이바지할 수 있게 되기를 기대해 본다.

_목포대학교 명예교수 이기갑

" 머리말

"저 지앙시런 놈이 누굴 타겠으까, 우리 집에 똘것이 하나 생게서 걱정이시."
"자가[자:가] 솔찮이 클 때까장은 이사 숭악했지라, 잉."

언제 어디서나 만나고 들을 수 있는 살갑고 정겨운 고향의 말들을 우리는 잃어가고 있다. 어디 잃어버린 것이 한두 가지랴만 그래도 일부러 버린 것이 아닌데 소중한 자산이 그냥 우리 곁에서 떠나는 것들을 보고만 있는 것은 참으로 안타까운 일이다. 아직 남아 있는 것도 귀하게 생각하지 못하고 살고 있지는 않은가 하는 생각으로 이 글을 쓴다.
정겹고 아름다운 남도의 말을 찾아 떠난 설레는 여행이 벌써 30년이 흘렀다.

위와 같은 이야기를 들으면서 '솔찮이'나 '똘것', '지앙시럽다'는 말은 원래는 무슨 뜻이고 어디에서 출발한 말이었을까? 하는 호기심이 오래 머리에 맴돌고 있었다.
그런데 많은 사람들을 찾아 만나면서 그 실마리는 너무나 우연히 내게 찾아왔다. 구례 외진 마을에서 할머니와 나누던 대화 중에 다음과 같은 말을 반복해서 듣게 되었다.

"시방도 까끔에 장꽁이 수울찮이 자주 보여요."(요즘도 산에 장끼가 상당히 자주 보여요.)

'바로 이거다, 수울찮이는 솔찮이보다 바로 앞 단계 말이다.' 저자는 거기에 착안하여 '솔찮이'는 원래 '수월하지 않게'에서 온 말이고, '수월치 않이〉수울찮이〉솔찮이'로 변해 왔음을 알아낼 수 있었다. 그리고 나서 보니 우리 지역에서 '솔하다'라는 말이 '수월하다'라는 뜻으로 두루 사용되고 있는 것이 금방 눈에 띄었다. 그리고 '솔찮이'는 '수월하지 않게'라는 뜻에서 차츰 '상당히', '꽤'라는 의미 변화를 겪은 말인 것도 알 수 있었다.

'똘것'도 그랬다. 무안에서 밭일을 하시던 아주머니 한 분이 필자를 가르치듯 다음과 같이 말해주었다.

"쩌그 밭에 씨를 뿌리도 안 했는디, 지 혼자 난 무시가 똘무시어라. 그런 것이 똘것이제."

'똘것'은 '누가 심지 않고, 돌보지 않았는데도 생겨나고 자란 것'이란 말이다. 그래서 사람도 전혀 다른 모습이나 성격으로 태어난 '별종' 같은 아이를 일컬어 '똘것'이라는 말을 써 왔던 것이다.
수십 년 묵은 궁금증이 이렇게 하나씩 풀려 갔다. 그런데 더욱 중요한 것은 우리 지역의 말들은 '솔찮이', '똘것'과 같이 대대로 사용해 오던 지역 고유의 것들이 많은가 하면, 지금은 사라진 고어(古語) 형태를 많이 보유하고 있는 우리말의 보물창고라는 점이다.

　말의 어원을 찾기 힘든 경우 흔히 문헌 자료에서 옛말을 더듬다 보면 그 뿌리는 저절로 해결될 경우가 많다. 문제는 문헌에 아예 자취를 남기지 않고 사라진 말들이 많아 어려움이 있는데, 이것을 다행히 고어 형태를 수없이 간직하고 있는 우리 지역의 말들이 이를 대신해 주고 있어서 참으로 다행스러운 일이다.
　이처럼 말의 어원과 변천 과정을 찾아보는 일은 바로 우리 선조들이 어떻게 살아왔는지, 우리에게 물려준 그 소중한 문화적 원천이 무엇인지를 알아가는 신비롭고 놀라운 여행이다. 단순히 과거의 향수에 젖어 보는 일이 아니라, 지난 역사를 통하여 앞으로의 발전 방향을 찾아보려는 준비 작업이라 할 수 있을 것이다.

　이 책은 우리 지역의 말과 풍속, 문화에 관심이 있는 사람이라면 누구든 조금이라도 호기심을 풀고 친숙하게 다가갈 수 있게 안내하는 책이다. 특히 국어 어휘의 변화와 음운변동·변천 등을 꼭 알아야 하는 중, 고등학생이라면 이 책은 그런 면에서 알맞은 지침서가 될 뿐만 아니라, 옛말에서 표준어와 방언의 분화 과정을 알기 쉽게 한눈에 볼 수 있는 좋은 기회도 줄 것이다.
　책이 나오기까지 오랜 시간 지켜봐 준 아내와 자식 셋, 그리고 힘든 몸으로 늘 격려해 주셨던 어머님과 장모님, 일가친척, 직장 동료와 친구들, 동호회 모든 분들과 이 설렘을 함께하고 싶다. 태어난 죽림 잔디 아래 묻히기까지 자식만 바라보며 언제나처럼 말없이 지켜보고 계실 아버지께 이 글을 바친다.

무엇보다 이 책은 박사과정 지도교수 이돈주 선생님과 특별히 이 책의 산고를 함께 겪어 주신 서상준 선생님, 추천사를 써 주신 이기갑 선생님, 배움의 길에 용기를 주셨던 최명옥 선생님, 손희하 선생님의 도움과 격려가 없었다면 세상에 나오기 힘들었을 것이다. 교사 저자 발굴로 기회를 주신 광주광역시교육청 관계자분들의 탁월한 기획과 도서출판 북트리의 세심한 배려에도 다시 한번 지면을 빌어 감사를 표한다.

이 책에는 저자가 가장 유의미하다고 생각하는 기초생활 필수 어휘 118개를 골라 9개의 분야로 나누어 실었다. 이 말들은 기나긴 세월 광주·전남 민중의 삶과 문화를 대표하면서 가장 넓고 깊이 함축된, 보편적이고 상징적인 말이다. 남도의 언어와 문화에 조금이라도 관심이 있는 사람이라면 누구든 꼭 알아야 한다는 저자의 욕심이 담겨 있는 필수 어휘이기도 하다. 이것들을 다듬고 정리하는 과정에서 함께 다룬 말을 합하면 300개가 훌쩍 넘는다.

모든 어휘의 마지막 부분에는 현지 토박이분들의 생생한 대화를 여과 없이 실었다. 이 책은 실로 남도민 화자 수백 명과의 공저인 셈이다.

개별 어휘를 설명하는 과정에서는 저자의 견해만을 고집하지 않고, 우리말 탐구에 이미 오랜 시간 땀 흘려 이룩해 놓은 선학들의 연구 성과를 두루 섭렵하여 널리 일반화된 것은 굳이 출처를 밝히지 않고 종합하여 정리하였다.

특징적인 분포를 보이는 어휘의 변이형들은 독자들이 일목요연하게 지역적인 분포를 파악할 수 있도록 광주·전남 시, 군 단위의 지도에 도안형 기호로 제시하였다. 지도의 어휘 자료는 저자가 오랜 시간 조사하고 정리한 것을 바탕으로 하고, 필요한 경우에는 『한국방언자료집 전라남도편(한국정신문화연구원)』, 『전남방언사전(이기갑 외)』의 자료를 따온 것임을 밝혀 둔다.

[지도] 광주·전남의 시, 군 단위 명칭

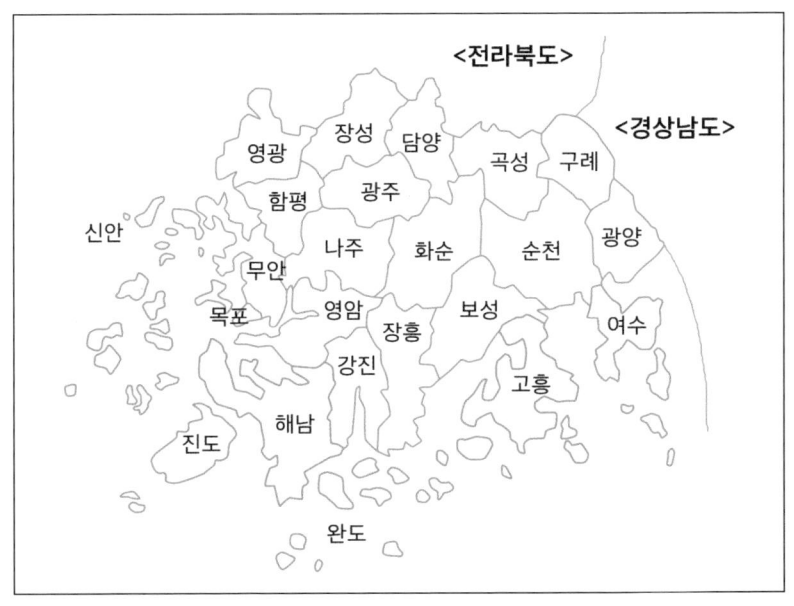

| 목차 |

머리말 _07

제1장 농사와 농기구

01 솔 _16   06 다랑지 _26   11 놈새밭 _36   16 여물쪼빡 _46
02 북감자 _18   07 가웃지기 _28   12 성냥간 _38   17 또가리 _48
03 왜콩 _20   08 묵갈림 _30   13 한새깽이 _40   18 칭이 _50
04 올게쌀 _22   09 군불 _32   14 판자홀태 _42   19 밭호무 _52
05 무강 _24   10 깔담살이 _34   15 소매 _44

제2장 음식과 조리기구

01 새참 _56   04 총각지 _62   07 기영통 _68   10 수제 _74
02 뚜께비개떡 _58   05 해우쌈 _64   08 비땅 _70   11 불무 _76
03 꼬창메주 _60   06 도구통 _66   09 소두랑뚜껑 _72   12 반식기 _78

제3장 가옥과 구조물

01 용마람 _80   03 걸밖 _84   05 지아 _88   07 부떡 _92
02 지시랑물 _82   04 서끌뿌리 _86   06 정제 _90   08 치깐 _94

09 여물청 _96   11 짝두새암 _100   13 실겅 _104
10 장꽝 _98   12 베랑박 _102

제4장 의복과 생활용품

01 밍베치매 _108   04 개아찜 _114   07 가새 _118   10 서답방맹이 _124
02 꼬깔모자 _110   05 사채기 _116   08 대래비 _120   11 빼다간 _126
03 접보신 _112   06 꼼마리 _117   09 반짇그럭 _122

제5장 민속과 질병

01 외약사내끼 _130   05 삼시랑 _136   09 돈사다 _143   13 모실댕이다 _149
02 막동아지 _132   06 도채비 _138   10 찌찌 _144
03 간재미연 _134   07 깨금발 _140   11 가슴애피 _146
04 당골래 _135   08 행감치다 _142 12 곰발 _148

제6장 사람과 호칭

01 가시내 _152   04 동상아덕 _158   07 지집사나그 _164   10 꼬라지 _168
02 똘것 _154   05 여러시 _160   08 싸가지 _165   11 거지꼴 _170
03 앳가심 _156   06 항꾸네 _162   09 느자구 _166   12 구짐머리 _172

13 오두방정 _174   16 숭악하다 _179   19 빤득거리다 _184

14 굴레씨염 _176   17 지앙시럽다 _180   20 실답잖다 _186

15 총찬허다 _178   18 골개리다 _182   21 타갰다 _188

제7장 동물과 식물

01 강생이 _190   05 세발낙지 _197   09 대붙이다 _204   13 자장개비 _212

02 뿌락대기 _192   06 노랑조시 _198   10 졸복쟁이 _206   14 자마리지심 _214

03 말똥개비 _194   07 달구가리 _200   11 나도감 _208

04 찌께벌레 _196   08 뚝니 _202   12 참꽃 _210

제8장 자연과 시간

01 가실 _216   04 새복 _222   07 쏘내기 _228

02 시안 _218   05 정때 _224   08 북새 _230

03 고페 _220   06 쏙서리바람 _226   09 핸비짝 _231

제9장 감정 표현

01 마챙가지 _234   03 아슴찮이 _238   05 허천나다 _242

02 뿌담씨 _236   04 포도시 _240   06 오살나게 _244

01 농사와 농기구

이 장에서는 주로 농사와 관련된 어휘인
'농사짓기', '농작물', '농기구' 등에 대하여 그
어원과 문화적 뿌리를 살펴볼까 한다. 이들은 전통
농업사회인 삶의 현장에서 가장 흔하게 접할 수 있는
기초 생활어휘들이다. 물론 시대가 변하여 사라져가는
말들이 있지만 지금도 지역민들이 변함없이
사용하는 말들이 대부분이다.

솔	북감자	왜콩	올게쌀
무강	다랑지	가웃지기	묵갈림
군불	깔담살이	놈새밭	성냥간
한새깽이	판자홀태	소매	여물쪼빡
또가리	칭이	밭호무	

01 솔(부추)

　우리가 흔히 반찬으로 먹는 가늘고 긴 식물을 표준어로 '부추'라고 하는데 광주, 전남·북에서 대부분 이를 '솔[솔:]'이라고 한다.
　그러면 '솔'은 어떻게 생겨난 말일까?

　원래 '솔'이란 말은 '오솔길', '소(솔)나무' 등에서 볼 수 있는 '가느다랗다'라는 의미이다. 그래서 우리가 반찬으로 먹는 '솔'도 잎이 '가느다랗게 생긴 풀'이라는 의미로 붙여진 이름이다.
　이 채소 '솔'은 '솔풀'에 그 기원을 두고 상당한 변화를 겪으며 '솔'이 되었다. '솔풀〉소풀〉소불〉소볼〉소올〉솔'과 같은 다소 복잡한 음운변화를 겪었다.

　그리고 실제 이러한 변화과정을 증명하듯 전국에서 여수·순천·광양·남해에서만 특이하게 '부추'를 '소불'이라고 한다. 또 바로 옆 경남 서부의 넓은 지역에서 '소풀'이라고 하는 것은 흥미로운 일이다. '솔'이 '소풀〉소불〉솔'처럼 변해왔음을 실제로 보여주고 있다. '소불'이 '솔'과 '소풀'로 변했다고 보는 견해도 있다. 한편 15c『향약집성방』의 '蘇勃[소발]'을 근거로 '소불〉솔', '소불〉소풀'로 변했다고 보는 견해도 있다.

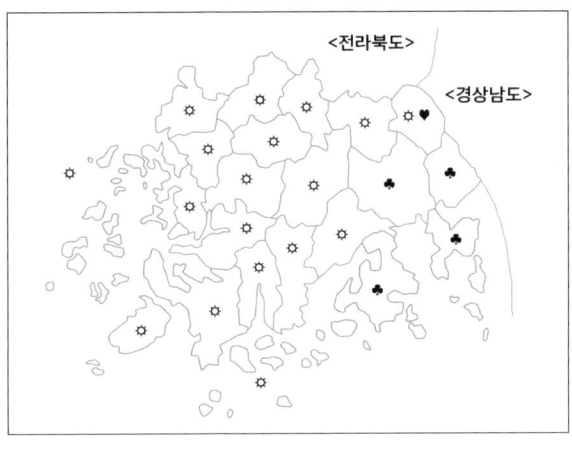

이러한 '소불〉솔'처럼 ㅂ탈락의 모습은 지명에서도 발견된다. 지리산의 '피아골'이 대표적인 예인데, '피아골'은 6.25 때 많은 사람이 죽어서 '피가 흐르던 골짜기'라고 알고 있는 사람이 있으나, 원래 5곡(五穀) 중의 하나인 '피(稷)'를 많이 재배하던 '피밭(稷田 직전) 골짜기'였다.(피밭골〉피밭골〉피앝골〉피아골)

표준어 '부추'는 대체로 '구채(韭 부추 구, 菜 나물 채)'가 변한 말로 보는데, 한자어인 '부추(韭菜)'가 서울말이라고 해서 표준어가 되고, 순우리말인 '솔', '정구지'는 광범위한 지역에서 사용되면서도 방언이라고 푸대접을 받는 것은 역설적이다.

―――― 현장 구술 담화 ――――

"아이, 쩌그 가무테 논시밭에 가서 상추랑 솔이랑 잠 비 와라, 물에쏘백이 당글란다. 안에 솔 여서 물에쏘백이 당과야겄다."(야야, 저기 가무테 텃밭에 가서 상추랑 <u>부추</u>랑 좀 베어 와라, 오이소박이 담그런다. 안에 부추 넣어서 오이소박이 담가야겠다.)(완도군)

02 북감자(감자)

　'감자'를 주로 광주와 전남의 서부에서는 '북감자'라고 하고, 동부에서는 '하지감자'라고 한다. 그러나 원래 광주·전남에서는 '감자(감재)'는 '고구마'를 가리키는 말이었다. 그래서 '고구마'와 구분하기 위해서 감자를 '북감자', '하지감자'라고 불렀다.
　'북감자', '하지감자'는 어디에서 온 말일까?

　감자는(19c) 우리나라에 전래된 시기가 고구마보다(18c) 늦었던 작물이었다. 일본에서 먼저 들어온 '고구마'를 '감자'라고 부르고 있었는데, 나중에 새로운 '감자'가 들어오자 이미 사용하던 말인 '감자(고구마)'와 구분하기 위해서 '감자'를 '북감자(감자)'라고 부른 것이다. '감자'는 '감저(甘藷)'로서 '달콤한(甘, 감) 마(藷, 저)'라는 의미이다. 이 '감저'가 차츰 '감저>감자'로 변하였다.

　'북감자'는 글자 그대로 '북쪽(北)에서 온 감자'라는 뜻으로 '북+감자'다. 물론 서서히 '감자-고구마'란 말을 구분하여 사용하며 오늘에 이르게 되었다.

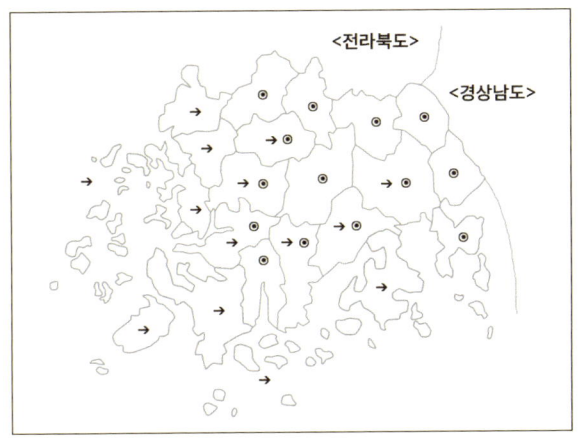

이처럼 '감자'를 '북감자(북감저, 北甘藷)', '북저(北藷)'라고 하는 데 비하여, 고구마는 남쪽에서 왔다는 뜻으로 '낭감자(남감저, 南甘藷)', '남저(南藷)'라고도 말하였다.

그리고 '고구마'의 어원은 가뭄에 부모를 살리는 '효행저(孝行藷, 효도하는 마)'로서 이것의 일본식 발음인 [고고이모]를 차용하여 '고고이모〉고구마'로 변했을 것이라는 설이 유력하다.

또 '하지감자'는 주로 감자가 생산되던 시기가 '하지(夏至 6월 22일)' 전후로 수확하는 것이 보통이어서 붙여진 이름이다.

---- 현장 구술 담화 ----

"칼수제비는 폿을 갈아서 넣기도 하고, 북감자 썰어 넣고 그랬어요. 칼수제비가 맛있어 고런 것이."(칼국수는 팥을 갈아서 넣기도 하고, 감자를 썰어서 넣고 그랬어요. 칼국수가 맛있어 그런 것이.)(화순군)

03 왜콩(완두콩)

　표준어 '완두콩'을 의미하는 광주·전남의 '왜콩'은 주로 봄에 녹색으로 덜 익어서 연할 때 따서 삶아 먹거나 밥 위에 얹어 먹는 부드러운 콩을 말한다. 물론 익으면 노랗게 단단한 콩이 되는데, 익기 전에 초록색의 연한 상태를 식용으로 애용하는 콩이다. 종류는 재래종이 콩깍지와 알이 작고, 이후 개량된 품종은 알이 좀 굵다.
　'왜콩'에는 어떤 생각이 담겨 있는 말일까?

　먼저 표준어 '완두콩(豌豆콩)'은 한자어 '완두(豌 완두콩 완, 豆 콩 두)'에 '콩'이 더해져 '콩'이 세 번이나 중복된 말이다.
　광주·전남의 '왜콩'에서 '왜'는 원래 '왜낫', '왜홀태(탈곡기)', '왜무시(무)' 등에서 볼 수 있는 '왜'와 같은 의미로 보인다. '당나귀', '당성냥'이 '당(唐)나라'에서 온 것이고, '호박', '호떡'이 '호(胡 중국, 오랑캐)'에서 온 것인데 이처럼 한 나라를 지칭한 점으로 보아 '왜콩', '왜낫', '왜홀태'도 막연한 '외국(外國)'의 의미보다는 하나의 나라인 '일본(왜 倭, 日本)'으로 인식하였을 가능성이 크다.

　'낫' 중에서도 무쇠로 만들어진 낫을 '조선낫', '육철낫'이라고 하고, 양철로 얇고 가볍게 만들어진 낫을 '왜낫' 또는 '양낫(洋낫)'이라고도 불렀는데, 이 '왜낫'도 일본에서 들어왔다고 생각하였기 때문이었을 것이다.

그래서 '왜콩'의 '왜'는 '외국(外國)'의 '외(外)'가 아니라 '일본(日本)'을 의미하는 '왜(矮)'로 보아 '왜콩'은 '일본에서 온 콩'이라고 생각해서 붙인 이름으로 보는 것이 좋을 것 같다.

어린 시절 봄볕이 화사한 날, 배가 출출하면 때때로 밭에서 '왜콩'을 불 위에 그슬려 구워 먹거나 깡통에 넣어서 삶아 꿀맛처럼 즐기던 시절이 그립다. 지금도 우리 지역에 '왜콩'은 흔하여 도회지에서도 쉽게 구해 먹을 수 있는데, 콜레스테롤 수치를 낮추고, 뇌세포의 활동을 촉진하는 등 우리가 생각하지 못한 최고의 건강식품이라고 알려져 갈수록 인기가 많아지고 있다고 한다.

현장 구술 담화

"봄에 묵는 거, <u>왜콩</u>, 왜콩이라 글고. 봄에 심어 각고 따 갖고 해 묵고, 또 심으면 대거든요. 왜콩이란 것은 요렇게 퍼렁 거. 그것도 봄에만 해 묵는 거."(봄에 먹는 것, <u>완두콩</u>, 왜콩이라 그러고. 봄에 심어서 따서 해 먹고, 또 심으면 되거든요. <u>완두콩</u>이란 것은 이렇게 파란 것, 그것도 봄에만 해 먹는 것.)(순천시)

04 올게쌀(오려쌀)

그 해에 농사지은 약간 덜 익은 올벼의 쌀을 표준어로 '오례쌀'이라고 하고 이 쌀로 밥을 지어 처음 맛보는 일, 또는 그런 풍속을 '올벼신미'라고 하는데, '올벼신미'는 추수 전 좋은 날 떡과 밥을 하여 안방에 차려 놓고 조상에게 제사를 드리는 세시풍속이다. 이 '오례쌀'을 광주·전남에서는 '올게쌀'이라고 하고 '올벼신미'를 '올게심니'라고 한다.

'올게쌀', '올게심니'는 어떻게 생겨난 말일까?

먼저 표준어 '오례쌀'을 보자. '오례쌀'은 '올벼쌀'이 변한 말인데, ㅂ이 탈락한 근대국어 '오려쌀'을 본다면 '올벼쌀〉올벆쌀〉올여쌀〉오려쌀〉오례쌀'을 생각해 볼 수 있다. '올'은 '올되다', '올보리', '올서리'에서 볼 수 있듯이 '보통보다 빠른', '이른(早)' 쌀이라는 의미이다. '올되다'도 '나이보다 일찍 지각이 나다', '일찍이 되다'는 뜻을 지닌 말이다.

'올게쌀'은 '올벼쌀'에서 '오례쌀'을 경험하지 않고 곧바로 '올벼쌀〉올겨쌀〉올게쌀'의 변화를 겪은 것으로 보인다. 이 '벼〉겨'처럼 ㅂ-ㄱ 교체는 광주·전남에서 '꼬부랑이-꼬구랭이', '번데기-꼰데기'처럼 쉽게 볼 수 있다.

'올게쌀'로 밥을 해 먹는 '올게심니'의 표준어는 '올벼신미(新味)'인데,

'올벼'로 밥을 해서 '새로운 맛을 보는(新米)' 풍속이었다. 그런데 광주·전남의 '올게쌀-올게심니'는 일관성이 있지만, 표준국어대사전의 '오례쌀-올벼신미'는 '오례-올벼'처럼 서로 다른 형태를 취하고 있어서 흥미롭다. '올벼쌀'이라고 하든지, '오례신미'라고 해야 할 것 같은데 어원 의식이 약해진 탓이라 보인다.

그리고 광주·전남에서는 '햅쌀'을 '새쌀'이라고 하고, '햇벼'를 '새나락'이라고 한다.

'올게쌀'을 볼이 미어지게 입안 가득 넣고 씹다 잠이 들어, 아침에 잠이 깬 후 입안에 남아 있는 시금한 '올게쌀'을 퉤퉤 하며 뱉아 내다 다시 씹기도 하던 시절의 기억이 생생하다.

현장 구술 담화

"올게, 올기쌀. 비기 전에 쪼깐 덜 익었을 때 비 각고 찐 것이 올게쌀, 올게심니 헐라고 올게쌀 찌지요. 첨에 농사짓는 거, 새나락 먹는 것을 올게심니 헌다고, 올게쌀로 밥을 허는 것이 올게심니."(올벼, 오례쌀, <벼를> 베기 전 조금 덜 익었을 때 베어서 찐 것이 오례쌀, 올벼신미 하려고 오례쌀을 찌지요. 처음에 농사를 짓는 것, 햅쌀 먹는 것을 올벼신미를 한다고, 오례쌀로 밥을 하는 것이 올벼신미.)(보성군)

05 무강(씨고구마)

흔히 봄철이 되면 씨고구마를 땅에 묻어서 고구마의 순이 자라게 한 후 이 고구마 순을 잘라 넓은 밭으로 옮겨 심는다. 이 씨고구마를 광주·전남에서는 '무강', '무광'이라고 말한다.

'무강'은 '씨고구마'를 말하기도 하고, 이렇게 묻어 놓은 씨고구마에서 고구마의 순을 모두 잘라내어 밭으로 옮겨 심은 후에 '남은 고구마'를 말하기도 한다.

'무강'의 어원은 무엇일까?

'무강'은 바로 '묵은+감자'가 줄어들어 만들어진 말이다. 예전에는 광주·전남에서 '감자'는 지금의 '감자'가 아니라 앞서 본 것처럼 '고구마'를 일컫는 말이었다. 그래서 '무강'은 '새 고구마'가 아닌 '묵은 고구마', 즉 '작년 고구마'인 것이다.

광주·전남의 어르신들은 아직도 '고구마'를 그냥 '감자(감재)'라고 말하는 경우가 많다. '물감자'라고 하면 '물고구마'를 말하기 때문에 실제 '감자'와 '고구마'를 둘 다 '감자'라고 말해온 것이다. 그래서 '고구마'와 '감자'를 구분하기 위해서 '고구마'는 그대로 '감자'라고 하고, '감자'를 '북감자', '하지감자'라고 부르게 된다.

요즘은 고구마의 종류가 많아지기도 하고, 부를 때도 '호박고구마', '밤고구마' 등 '고구마'라는 이름을 많이 사용하고 있다.

밭에 묻어 둔 '무강(무광)'에서 고구마의 순이 적당히 자라면 비가 오는 날을 택하여 이 순을 잘라서 너른 밭에다 옮겨 심는다. 순을 다 자르고 난 후의 무강은 대부분 버리기도 했지만, 식량이 부족하여 배가 고픈 시절에 삶아서 먹는 사람도 많았다. 영양소가 다 빠져나가서 맛이 없지만 먹을 만한 것을 찾아 배고픔을 달래던 기억이 생생하다.

---- 현장 구술 담화 ----

"아이고 무강이 머이 맛있어, 맛이 없제. 고구마, 옛날에 우덜 말로는 감잔디, 지금은 고구마라 그래. 씨 헝께 씨감자라 개. 씨감자 고놈 심어 각고 순 다 따서 앵개 불고 파내 불거든, 그것보다 무강이다 개."(아이고 무강이 뭐가 맛있어, 맛이 없지. 고구마, 예전에 우리들 말로는 감자인데, 지금은 고구마라고 해. 씨를 하니까 씨감자라고 해. 씨감자 그것을 심어서 순을 다 따서 옮겨 버리고 파내 버리거든, 그것을 무강이라고 해.)(나주시)

06 다랑지(다랑이)

얼마 전까지만 해도 농촌에는 산비탈에 작은 논이 유난히 많았다. 광주와 전남에서는 이렇게 작은 논을 '다랑지'라고 불렀다. 논밭이 부족하였던 시절의 이야기이다.

"삿갓다랑지라고, 모를 다 숨고 갈라고 삿갓을 등께 그 밑에 모 숭굴 땅이 또 남았드랑께."(삿갓다랑지라고, 모를 다 심고 〈집에〉 가려고 삿갓을 드니 삿갓 아래 모 심을 땅이 또 남았더라니까.)

'다랑지'는 어떻게 생겨난 말일까?

위의 '삿갓다랑지'는 '삿갓'과 '다랑지'로 이루어진 합성어라는 것을 알 수 있을 것이다. '다랑지'는 산골짜기의 비탈진 곳 따위에 있는 계단식으로 된 좁고 작은 논배미를 광주와 전남에서 부르는 말인데, 표준어의 '다랑이(작은 논)'에 해당하는 말이다. 그래서 '삿갓다랑지'는 위의 대화에서처럼 '삿갓 하나로 덮을 정도로 작은 논'을 말한다.

그러면 표준어의 '다랑이'는 무슨 뜻이었을까? '다랑이'는 원래 '높은 곳에 있는 논'이라는 설이 유력하다. 그래서 '다랑'은 '높다'라는 의미의 '다락'에서 그 뿌리를 찾을 수 있다. 지금도 높은 곳에 있는 방을 '다락방'

이라고 하는데 이 '다락'에 접미사가 '-이'가 붙어 '다락이(다락+이)〉다랑이'가 된 것이라 본다. '다랑지'는 '다랑'에 접미사 '-지'가 붙어 '-이'가 붙은 표준어의 '다랑이'와 다른 모습이다.

이처럼 '다랑지(다랑이)'는 처음에는 '높은 곳에 있는 논'을 일컫다가 차츰 '작은 논'으로 의미 변화를 보인 것이다.

그리고 논 중에서 '가늘고 길게' 생긴 논을 광주·전남에서는 '갈치배미'라고 한다. '갈치'처럼 '길다'는 의미인데, 또 다른 말로는 '장어배미', '실배미'라고도 한다. 여기서 '갈치'의 '갈'의 의미는 옛말에서 칼(刀)인데 '갈치'는 칼처럼 생긴 긴 고기를 말한다. '배미'는 흔히 '논'을 의미한다.

참고로 넓고 농사짓기에 좋은 논은 광주·전남 지역에서 '두룽배미(장성)', '두리배미(영광)', 마당배미(고흥)' 등으로 불리었고, 또 배가 불룩한 모양의 논은 '장구배미(담양)', 논과 논 사이에 끼어 있는 작은 논으로 '쐬악배미(여수)' 등의 이름이 있었다. '쐬악'은 큰 물건 사이에 낀 작은 물건인데, 표준어 '쐐기'를 말한다.

현장 구술 담화

"큰 논배미를 외배먹거리라 그래. 작은놈을 <u>다랑지</u>라고 허고, 질쭉헌 것, 지댐헌 것은 실배미. 희한헌 소리를 다 듣제라? 우리 논이 그렇게 진께 실배미라 그래."(큰 논을 외배먹거리라 그래. 작은 놈을 <u>다랑지</u>라고 하고, 길쭉한 것, 긴 것은 실배미. 희한한 소리를 다 듣지요? 우리 논이 그렇게 기니까 실배미라 그래.)(담양군)

07 가웃지기
(반 마지기)

흔히 주변에서 '한 자가웃', '말가웃'이라는 말을 들어보았을 것이다. '가웃'은 '절반 정도'를 더한다는 뜻이다. 그래서 '한 자가웃'은 '한 자 반' 정도를 의미하고, '말가웃'은 '한 말 반'을 말한다. 그런데 '논의 넓이'를 말할 때 광주·전남에서는 '가웃지기'라는 말을 사용한다.

이 '가웃지기'의 원래 의미는 무엇이었을까?

우선 '가웃지기'는 '가웃'에 '지기'가 결합한 말로, 한 마지기의 절반, 즉 1/2에 해당하는 넓이를 이르는 말이다.

대체로 논의 넓이를 '두 말가웃지기'라는 식으로 말하는데 여기서 '말'은 '마지기'와 같은 의미이고 '가웃'은 '절반'을 말하니까, '두 마지기 반'에 해당하는 넓이인 것이다.

여기서 '마지기'에 대해 먼저 알아볼 필요가 있다. 흔히 '논의 넓이'를 말할 때 사용하는 단위인 '마지기'는 '말+지기'인데 '말지기〉마지기'로 변화를 보이는 말이고, '1말(斗)의 볍씨를 떨어뜨리는(뿌리는) 넓이의 땅'을 말한다.

자칫 '마지기'의 '지기'를 '짓는다(경작하다)'로 생각하면 안 된다. '지기'는 '떨어뜨리다'라는 옛말이 '디다'였기 때문에 '말+디기(떨어뜨리기)'의 '디기'가 '디기〉지기'로 변한 말이기 때문이다. 실제 '마지기'를 한자어로 '두락(斗落)'이라고도 하는데, '한 말(斗)의 볍씨를 떨어뜨리(落)는 넓이'를 말하는 것으로 '마지기'와 '두락'은 그 의미가 일치한다.

그래서 '가웃지기'의 의미도 '절반을 짓는다'라는 뜻이 아니라, '1/2말 정도의 볍씨를 떨어뜨리는 논의 넓이'라는 의미이다.

'섬지기'라는 말도 있었는데, 한 섬이 10말 정도에 해당하는 분량이니까 '섬지기'는 무려 '10마지기'나 되는 넓은 땅을 말한다.

예전에는 관개 수로 설비가 미비하고, 퇴비가 부족할 뿐만 아니라, 벼멸구 등 병충해가 많아 지금처럼 벼농사가 풍작을 이루지 못하였다. 따라서 같은 크기라도 물이 좋고 비옥한 논과 그렇지 못한 논의 가격 차이가 상당히 컸다고 한다.

현장 구술 담화

"한 방구가 너 말<u>가웃지기</u>, 우리는 세 방구라 열 서 마지기 좀 더 되제. 우리 아들이 거들어 주제. 한 방구가 너 마지기 반. <u>가웃지기</u>가 반 마지기."(한 방구가 네 마지기 반, 우리는 세 방구라 열세 마지기가 좀 넘지. 우리 아들이 와서 도와주지. 한 방구가 네 마지기 반, <u>가웃지기</u>가 반 마지기.)(강진군)

08 묵갈림(반작)

　베어 놓은 볏단을 지주와 소작인이 절반씩 나누어 가지던 일, 또는 그렇게 나누어 가지기로 한 소작을 표준어로 '반작(半作)', '병작(竝作)'이라고 하는데, 광주·전남에서는 '묵갈림'이라고 한다.
　'묵갈림'은 어떻게 생겨난 말일까?

　먼저 '묵갈림'은 원래 '뭇'+'갈림'으로 이루어진 '뭇갈림'이 음운변화를 겪은 말이다. 원래 '뭇가름(나눔)'의 피동형으로 '뭇갈림'이 된 말인데, '뭇갈림〉묵갈림'으로 변해 왔다.
　여기서 '뭇'은 '벼의 묶음이나 묶음을 세는 단위'를 말한다. 그리고 '갈림'은 '나누다'라는 말이다. 광주·전남에서 '나누어 먹자'를 '갈라 묵자'라고 하는 데서 볼 수 있다.

　이처럼 광주·전남에서 그동안 대체로 논 주인과 땅을 빌려 농사짓는 소작농이 5:5의 비율로 수확을 나누어 왔는데, 최근에는 쌀농사지을 사람이 적어 자기 농사조차 짓기가 힘들어서 '묵갈림'이라는 말은 아예 사라진 지 오래되었다.

그런데 예전에는 일부 지방에서는 땅이 부족하여 절반씩 나누는 '묵갈림'조차도 구하기 힘들어서, 자신이 힘들여 농사를 짓고도 소출의 1/3 또는 1/4 정도만 가져가는 굴욕적인 '삼분벤작'이라는 말까지 있었다. '삼분'이란 말은 1/3로 나누었다는 의미이고, '벤작'은 '묵갈림(반작)'과 같은 의미로 표준어 '병작(竝作)'이 '병작〉뱅작〉벤작'으로 변한 말이다.

사실은 '묵갈림'이라고 해도 농토가 부족한 지역에서는 대체로 주인이 절반 이상을 가져가는 경우가 허다했다고 한다.

현장 구술 담화

"그 뒤에 <u>묵갈림</u>, 반 갈라묵기라는 거이 나왔어. 그전에는 삼분벤작이니 해 각고 세 가마니 주고 한 가마니 나 허고, 난중에 반 갈라 묵기 <u>묵갈림</u> 허고 살만했제."(그 뒤에 반작, 절반으로 나누어 먹기라는 것이 나왔어. 그전에는 삼분벤작이니 해 가지고 세 가마니를 주고 한 가마니 내가 하고, 나중에 절반 나누어 먹기 <u>반작</u>하고 살만했지.)(광양시)

09 군불(여분 논매기)

예전에 농가에서는 벼농사에서 해마다 모내기를 한 후 큰 행사처럼 논의 풀, 잡초(김)를 매어야 했다. 대체로 손에 호미를 들고 '논매기'를 3차례에 걸쳐서 하는데, 이를 순서대로 말하면 표준어로 '애벌매기', '이듬매기', '만물매기'라고 했다.

그런데 이를 말하는 광주·전남의 말은 다음과 같이 상당히 많다. 맨 처음 매는 '애벌매기'를 '초벌매기', '초벌지심', '초벌파기', '소매건지', '도사리', '호맹이질', '호무꾸리', '성가람'이라고 하고, 두 번째는 '두불지심', '중구절', '중벌', '한지', '호미질', 세 번째 마지막 매는 일은 '만드레', '맘논', '만살', '만물' 등으로 다양하다.

그러면 3번의 논 매기에는 없는 '군불', '군벌'이란 말은 무슨 뜻이고, 어디에서 온 말일까?

위에서처럼 논의 잡초를 세 번 매고 난 다음에 경우에 따라서 4번째 매는 일도 있었는데 이것은 '군벌', '군불', '공벌'이라고 했다. '공벌'은 '공짜'로 한 번 더 맨다는 의미이다.

'군불'의 '군'은 '군것질', '군음석(군음식)' 등에서 보는 '쓸데없는', '여분으로', '덤으로' 등의 뜻을 지니고 있다. 그래서 논을 보통의 경우처럼 3번 다 매고, 이후에 남은 잡초를 한 번 더 맨다는 뜻으로 '군벌'이라고 하였다. '군불'은 '군벌'의 변이형이다.

그리고 처음 맬 때 '소매건지'는 처음으로 '소매를 적신다'라는 의미로 보인다. '만드레', '맘논', '만살' 등은 '마지막'을 말한다.

논매기와 모심기를 하면서 온 마을 사람들이 어울려 함께 일을 하고 풍년을 함께 기원하는 마을공동체의 현장은 실로 우리가 추구하는 인간 삶의 가치를 모두 담고 있으며 아름다운 삶이 실현되는 공간이었음을 부인할 수 없다.

현장 구술 담화

"초벌 파고 중구절, 만드레제 세우고, <u>군불</u>허고. <u>군불</u> 인자 세 벌 허고 네 벌, 농사 많은 사람은 네 벌을 <u>군불</u> 맨다고, 네 벌까지 매요. 만드레 다 끝날 적에 상머심이 인자 소 타고 내레와요. 막 즈그 집 있는 닭도 잡고."(초벌 매고 두벌 매고, 만도리제를 세우고, <u>여분 논매기</u>하고, <u>여분 논매기</u>란 것은 이제 세 벌하고 네 번째, 농사 많은 사람은 네 벌을 <u>여분</u> 맨다고, 네 번까지 매요. 만도리 다 끝날 때 상머슴이 이제 소 타고 내려와요. 막 자기 집 있는 닭도 잡고.)(광주광역시 남구)

10 깔담살이(꼴머슴)

　주로 농가에 고용되어 그 집의 농사일과 잡일을 해 주고 대가를 받는 사내를 표준어로 '머슴'이라고 하는데, 예전에 농촌에는 '깔담살이[깔땀사리]'가 있었다. 이에 대응하는 표준어는 '꼴머슴'이다.
　'깔담살이'는 어떻게 생겨난 말일까?

　원래 '머슴'과 비슷한 말로 '담살이'란 말이 있었다. '담살이'는 '머슴살이'와는 달리 계약에 의해 고용되어 노동하는 것이 아니라 일이 있을 때 도와주고 품삯이나 토지를 제공받는 관계였다. '담살이'는 '머슴'이 비칭(卑稱)으로 느껴지던 시절에 '머슴'을 대신하는 말로 사용되었다고 한다.
　그러면 '깔담살이'는 '깔+담살이'인 것을 금방 알 수 있다. '깔담살이'는 어린 '아이 머슴'을 이렇게 '깔담살이', '깔대미[깔때미]', '깔망새', '작은담살이' 등으로 불렀는데, 이 '깔'은 무슨 뜻일까?
　'깔망태(꼴망태)' 등에서 보듯이 주로 소에게 먹이는 '풀', 즉 표준어의 '꼴(말이나 소에게 먹이는 풀)'을 말한다. 그래서 '깔담살이'는 '소의 풀을 베어다 먹이는 아이', 즉 '하찮은 일을 맡아서 하는 아이 심부름꾼' 정도 되는 말이다.

그런데 이 '깔담살이'와 대비되는 말로 쟁기질을 하거나 큰 힘을 쓰는 일을 하는 머슴을 '상머심[상:머심]', '실머심' 등으로 불렀다. 그리고 '상머심'보다는 좀 아래의 머슴을 '중머심'이라고 하였다. '상(上)머심'은 '상씨름꾼[상:씨름꾼]'처럼 아주 힘이 세고 일을 잘한다는 의미가 있는 말이다.

대체로 농사가 많은 집에서는 한 집에 머슴으로 '상머심', '중머심', '깔담살이' 등을 두었으며, 부엌에서 일하는 소녀인 '정지담살이'를 두기도 하였다. '정지(정제)'는 '부엌'을 이르는 말이다.

'담살이', '머슴'은 1년 농사를 마치면 '새경'이라는 1년 치 품삯을 받는다. '새경'은 '사경(私耕)'이 '새경'으로 변한 말인데, 원래 묘지기나 마름이 부쳐먹는 '경작지', '땅(土地)'을 뜻하는 말이었다.

--- 현장 구술 담화 ---

"쟁기질 못헌 사람은 깔담살이, 풀 비어 날른 애를 깔담살이라 그래요. 쟁기질 헌 사람은 실머심이라고 그랬지요. 소 갖고 헌 사람은 실머심."(쟁기질을 못하는 사람은 깔담살이, 풀 베어 나르는 아이를 깔담살이라 그래요. 쟁기질을 하는 사람은 실머심이라고 했지요. 소를 가지고 하는 사람은 실머심.)(무안군)

11 놈새밭(텃밭)

집터에 딸리거나 집 가까이 있는 밭을 표준어로 '텃밭'이라고 하고, 채소를 가꾸는 밭을 '남새밭'이라고 하는데, 특별히 구분하지 않고 광주와 전남에서는 '놈새밭', '논시밭', '논수밭', '넘새밭', '남사밭', '난시밭', '산밭' 등으로 다양하게 부른다.

대체로 '놈~', '논~'형은 주로 전남의 서부에서 쓰이는 말이고, '넘~', '남~'형은 주로 동부 쪽에서 사용되는 말이다.

'논시밭'은 어떻게 변해 오고 어떤 의미를 지닌 말일까?

우선 표준어 '남새밭'을 보자. '남새'는 옛말 'ᄂᆞ물새', 'ᄂᆞᄆᆞ새'가 변해 온 말이다. 'ᄂᆞ물', 'ᄂᆞᄆᆞ'는 '나물'을 의미하고 '새'는 일반적인 '풀'을 뜻한다. '남새'는 '나물풀'인 셈이다.

그래서 '놈새'는 표준어에서 'ᄂᆞ물새〉놈새〉남새'로 변한 것과는 달리 'ᄂᆞ물새〉놈새〉놈새'로 변해 온 말이다. '놈새밭'은 이 '놈새'에 '밭'이 합성된 말이라는 것을 알 수 있을 것이다.

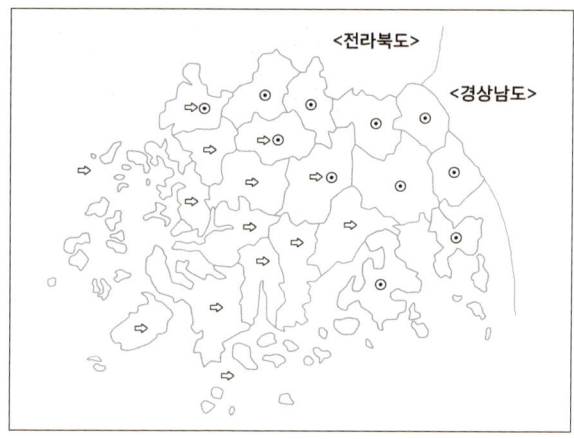

광주·전남에서 ㄴ 다음의 아래아 ·〉ㅗ 변화는 '놈(他人))놈'에서도 볼 수 있다.

여수·순천에서는 '놈새밭'을 '난시밭'이라고 한다.

이러한 '놈새밭'뿐만 아니라 빈터가 있으면 어디든지 채소나 곡류를 심었던 것은 옛날이야기가 되었고, 이제는 널찍하게 좋은 땅도 차츰 묵정밭으로 변해가는 모습을 보면 안타깝기만 하다.

현장 구술 담화

"나 쩌그 놈새밭에 가서 노무새 잠 뜯어와야겠다. 낼 아칙 저재 간디 쌀은 없고, 놈새밭 푸전거리라도 폴아와야 쓰겄다. 푸전거리가 장에 가서 흔해 빠졌드라마는."(나 저기 남새밭에 가서 나물 좀 뜯어와야겠다. 낼 아침 저자에 가는데 쌀은 없고, 텃밭의 푸성귀라도 팔아와야 하겠다. 나물 같은 것은 장에 흔해 빠졌더라만.)(강진군)

12 성냥간(대장간)

　쇠를 달구어 호미와 낫 등 온갖 연장을 만드는 곳을 표준어로 '대장간' 이라고 하는데, 이를 광주·전남 전역에서 '성냥(낭)간[성:냥(낭)깐]'이 라고 하고, 이러한 일을 하는 사람인 '대장장이'를 '성냥(낭)쟁이', '성냥 잽이'라고 한다.
　'성냥간'은 무슨 의미로 어디에서 온 말일까?

　여기에서 먼저 '성냥'의 어원은 무엇인가를 알아볼 필요가 있다. '성냥 간'이나 '성냥쟁이' 모두 '성냥'에 '-간'과 '-쟁이'가 붙은 말임을 금세 알 수 있기 때문이다. 그리고 혹시 불을 붙이는 '성냥'과는 어떤 연관성이 있는 것일까?
　'성냥'의 의미는 옛 문헌에서 등장하는 '성녕'에서 찾아야 한다. '성녕' 은 정철의 가사 '관동별곡'에 나온 '공슈의 셩녕인가, 귀부로 다ᄃᆞᆷ가' 라는 구절이 있는데, 이 말은 작가가 내금강 '총석정'의 아름다운 바위 등의 모습을 보고 감탄한 나머지 '훌륭한 장인의 작품인가, 신의 도끼로 다듬었는가?'라는 의미이다. '셩녕'은 옛말에서 '작업', '작품'이란 뜻이 있는 말이었다. 그래서 당시에는 '바느질셩녕(바느질)'과 '흙성녕(흙 작 업)'이란 말도 있었다.

따라서 '셩녕'은 옛 장인들이 '물건을 만들어내는 행위', '작품'을 말하고, '셩녕장이'는 차츰 '셩녕〉성냥', '장이〉쟁이'로 변하여 '성냥쟁이'가 된 모습이다.

그렇다면 '성냥간'은 모든 물건을 만드는 '작업장'이고, '성냥쟁이'는 일반 '장인(丈人-기술자) 모두'를 의미하던 것이었는데, 이제는 '대장간', '대장장이'로 그 의미가 축소되어 있는 것이다.

그리고 이 '성냥'은 동음이의어인 불을 붙이는 '성냥'과는 의미가 사뭇 다른데, 이때의 '성냥'은 '석류황(돌 유황, 石硫黃)'이라는 한자어가 '석류황〉성뉴왕〉성냥'으로 변해 온 말이기 때문이다.

현장 구술 담화

"장에 <u>성냥간</u>에 가면 낫 치는 사람 성냥쟁이다 개. 이름은 다른 이름 없어. 분무질해서 성냥하제. <u>성냥간</u>에 성냥하로 간다, 치로 간다 그라제. 낫 치로 간다 그라제. 낫도 치고 호무도 치고."(장에 <u>대장간</u>에 가면 낫 고치는 사람을 성냥쟁이라고 해. 이름은 다른 이름은 없어. 풀무질을 해서 작업하지. <u>대장간</u>에 성냥하러 간다, 고치러 간다 그러지. 낫을 고치러 간다 그러지. 낫도 고치고 호미도 고치고.)(강진군)

13 한새깽이(곡괭이)

　주로 단단한 땅을 파는 데 이용하는 농기구로, 황새의 부리처럼 양쪽으로 길게 날을 내고 가운데 구멍에 긴 자루를 박은 괭이를 표준어로 '곡괭이'라고 하는데, 광주·전남 일부 지역에서는 '꼭깽이', '한새깽이'라고 한다.
　'한새깽이'는 어떤 의미를 가지고 생겨난 말일까?

　먼저 표준어 '곡괭이'가 만들어진 과정을 보자. '곡괭이'의 옛말이 '곳광이'인 것을 보면, '곳광이〉곡광이〉곡괭이'로 변해 온 말임을 알 수 있다. '곳'에 '괭이'가 합성된 말이다.
　그런데 우리가 흔히 볼 수 있는 '곳'이란 말을 찾아보면 '곳'은 '송곳(솔+ㄴ+곳)', '곳감(곳+감)', '고드름(곳+어름)' 등에서 보듯이 '뾰쪽하다'라는 의미가 있는 말이다. 그래서 '곡괭이(곳괭이)'도 '끝이 뾰쪽한 괭이'이다. 참고로 곳곳에 나타나는 '화치'라는 지명도 대체로 원래 '곶재(뾰쪽하게 튀어나온 언덕)'로 기록된 것을 나중에 한자로 기록하면서 '곶(岬)'을 '꽃(花)'으로 잘못 알고 한자어 '화치(花峙)'로 바꾼 예이다.

　그러면 전남의 서부에서 주로 사용하는 '한새깽이', '한새까니'는 어디에서 온 말일까? '한새깽이'는 '한새+깽이'인데, '한새'는 '큰 새'를 말하는데 '황새'의 옛말이다. '황새'와 같은 변화를 보인 말이 '황소'인데, '한쇼(큰 소)〉한소〉황소'처럼 '한새〉황새'로 변해 온 말이다. '황소'는 원래 '누런 소'가 아니라 '큰 소'인 것이다.

그래서 '한새깽이'는 '한새(황새)'의 주둥이처럼 '괭이'의 모습이 뾰쪽하게 생겨서 만들어진 말이다. 곧 '황새의 부리'를 본따 붙여진 이름이다. '한새까니'는 변이형이다.

이처럼 '한새깽이'는 '한새〉황새'로 변하기 전에 '한새'에 '깽이'가 합성되어 만들어진 오랜 고어(古語) 형태인 셈이다.

경남에서는 '곡괭이'를 '목괭이', '모깽이'로 부른다. '모가 난 괭이'라는 뜻으로 '모깽이'는 '곡괭이(곳괭이)'와 의미가 같다.

현장 구술 담화

"뾰쪽헌 거, 예 곡갱이. 나는 <u>한새깽이</u>라 갰어. 곡갱이다고도 해. 곡갱이, 한새마니로 생겨서 <u>한새깽이</u>제."(뾰쪽한 것, 예 곡괭이, 나는 <u>한새깽이</u>라고 했어. 곡갱이라고도 해. 곡괭이, 황새같이 생겨서 <u>한새깽이</u>지.)(나주시)

14 판자홀태
(그네, 탈곡기)

판자홀태(그네)

기계홀태(양홀태)

추수기에 벼나 곡식을 수확한 다음에 낟알을 털어내는 데 쓰던 농기구를 통칭하여 표준어로 '탈곡기'라고 하는데, 광주와 전남에서는 이를 '홀태'라고 부른다.

이전의 수동식 '탈곡기', '홀태'는 시대별로 세 가지 종류가 있다. 표준어로 보면 맨 처음엔 두 개의 나뭇가지나 댓가지의 한끝을 동여매어 집게처럼 만들고 그 틈에 벼 이삭을 넣고 벼의 알을 훑는 '벼훑이', 그다음 빗살처럼 날이 촘촘한 쇠틀을 나무에 박고 이것을 길고 두툼한 나무다리를 달아 떠받치게 하여 훑는 '그네'이다. 그리고 마지막 수동식 최신 탈곡기는 '회전기(탈곡기, 호롱기)'라고 하는데 동그란 통을 발로 밟아 돌리면서 벼나 곡식을 훑는다.

광주와 전남에서는 '벼훑이'를 '손홀태', '가락홀태'라고 하고, '그네'를 '판자(장)홀태', '왜홀태'라고 하였으며, '회전기'를 '기계홀태'라고 하였다. 이 중 '판자홀태'는 어떻게 만들어진 말일까?

먼저 '홀태'는 '훑는다'의 어간 '훑'에 '애'가 합하여 '홀태(훑+애)'가 된 모습이다. 그래서 맨 처음 '가락홀태'는 '가락+홀태'인데, '가락'은 '손가락'처럼 '갈래'를 의미하는데 대나무나 나뭇가지를 쪼개 '갈래'를 만들고, 그 사이에 곡식을 넣어 훑는다는 의미이다.

다음 '판자홀태(그네)'는 나무에 수십 개의 쇠로 만든 뾰쪽한 날을 박아 위로 세우고, 탈곡기 아랫부분에 '판자'를 끼워 넣어 발로 밟고 벼를 훑을 때 힘이 실리게 하였다고 해서 붙인 이름이라고 한다. 이 탈곡기는 일본에서 왔다는 뜻으로 주로 '왜홀태'라고 한다.

마지막으로 두세 명이 발로 밟아 동그란 통을 돌리면서 벼나 곡식을 훑아 내는 '회전기', '호롱기'는 기계의 회전 동력을 이용하여 돌린다고 해서 '기계홀태'라고 불렀다. 나중엔 전기를 이용하였다.

지금은 모를 기계가 심고, 추수할 때는 곡식을 베면서 동시에 탈곡까지 해내는 놀라운 기계인 '콤바인'이 모든 것을 대신한다.

이처럼 탈곡기 발달 과정 하나만으로도 우리의 삶은 불과 한두 세대 동안에 놀라운 변화를 가져온 것을 알 수 있다.

현장 구술 담화

"지금도 있어, 요롷게 너서 훑는 거, 판자홀태는 요롷게 붚고 밑에 판자를 끼 놓고 헝께 판자홀태라고 허제. 세워 놓고 판자 인자 심지라고 요롷게 붚고 훑으라고, 심이 져서 저것이 저리 안 자빠지제."(지금도 있어, 요렇게 <알곡을> 넣어서 훑는 것, 그네는 요렇게 밟고 아래에 판자를 끼워 놓고 하니까 판자홀태라고 하지. 세워 놓고 판자 이제 힘이 들어가라고 이렇게 밟고 훑으라고, 힘이 들어가서 저것이 저리 안 넘어지지.)(영광군)

15 소매(오줌)

표준어 '오줌', '소변'을 광주·전남에서는 '소매[소:메]', '소피(소페)'라 한다. 물론 '오짐'이란 말도 함께 쓰이는데 '오짐'이 주로 '배출된 소변'을 말한다면 '소매'는 주로 '거름'과 관련되어 사용된다. 대소변을 합하여는 '똥소매', '분소매', '합수' 등의 말을 쓴다.

'소매'는 어떤 의미로 어떤 과정을 거쳐 온 말일까?

여기서 '소매'는 원래의 모습이 많이 변하여서 그 뿌리를 알지 않고는 일반인들이 짐작조차 하기 힘든 말이다.

중세국어에서는 '대변(大便, 똥)'은 '큰물'이라고 하고, '소변(小便, 오줌)'은 '져근물', '져근소마(小便)'라고 하였다. '물'은 '똥', '배설물'을 말하는 것이었다. 이러한 '져근물', '져근소마'와 같은 말들로 미루어 보아 '소매'를 대체로 옛말 '소(져근, 작은)+물'이 변한 것으로 본다. '소물'은 '작은(小)+똥(배설물)'이라는 뜻이다.

그래서 '소매'는 '소+물'이 '소물〉소마〉소매'로 변해 온 것으로 보는데, 이처럼 '소매'는 '소(小)+물(배설물)'로 순우리말이 남아 있는 모습이고, 표준어 '소변(小便)'은 두 글자 모두 한자어에 해당하는 말이다.

다시 '오줌'에 관한 말을 시대순으로 살펴보면, 15c에 '져근물', 16c '져근소마(小便)', 18c '오줌' 등인데, 이들로 미루어 보아 '져근믈'에서 차츰 '져근소마', '소마' 등이 혼용되다가, '소매'가 만들어지고, 이후에 '오줌'이 나온 것임을 짐작할 수 있다. 제주·충청에서는 아직도 '소매'의 이전 형태인 '소마'를 사용하고 있다.

그리고 '오줌이나 똥이 나오려고 하는 느낌'을 표준어로 '마렵다'라고 하는데, 광주·전남에서는 이것을 '매럽다', '매랍다'라고 한다. '매랍다'는 '믈(대 소변)'이 나오려고 하는 상태인데, '믈'에 접미사 '-압'이 합하여 '믈압다>마랍다>매랍다'로 변한 모습이다.

―――― 현장 구술 담화 ――――

"대 매듭을 짤라 갖고 구멍을 안 뚫고 소매 받아 합수를 만들어 거그 소매항에 오래 넣어 나, 3년이나. 그래 각고 난중에 대를 쪼개서 삭은 소매를 마시면 허리가 나사."(대의 마디를 잘라서 구멍을 뚫지 않고 오줌을 받아 분뇨<똥, 오줌>를 만들어 <대 마디를>거기 오줌통에 오래 넣어 놔, 3년이나. 그래서 나중에 대를 쪼개서 삭힌 오줌을 마시면 허리 아픈 곳이 나아.)(함평군)

16 여물쪼빡
(소죽 바가지)

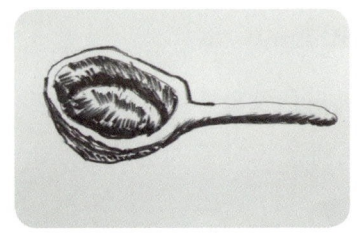

주로 겨울에 쇠죽을 퍼 주는 바가지는 나무를 파서 손잡이가 달린 모양인데, 표준어로 '소죽 바가지'라고 하고 광주와 전남에서는 '여물쪼빡'이라고 한다.

물론 이외에도 지역에 따라 '나바가치', '소바가치', '소물바가치', '쇠물바가치', '자래박', '개맷바가치' 등 다양한 말이 있는데 이처럼 여러 가지 말이 쓰였다는 것은 그만큼 소와 친밀하고 가까운 사이였다는 의미로 받아들여질 것이다.

'여물쪼빡'은 어떻게 만들어진 말일까?

'여물쪼빡'이라는 말은 '여물+쪼빡(쪽박)'인데 '여물'은 소의 먹이를 말하며, 곡식이 '여물다'의 명사형이다. 이와 관련된 옛말은 중세국어에 '여믈', '여믈다', '염글다' 등이 보이는데, '여믈'은 '여믈>여물'로 변해 왔다.

그리고 '쪼빡'은 '쪽박>쪼빡'인데 '쪽박'은 '반으로 쪼개진', 또는 '조그마한'이라는 의미가 있다. 중세국어에서도 '죡박(바가지)'이 나타나고, 관련 어휘도 '죠고맛(작은)', '죡술(작은 숟가락)' 등이 보인다. 현대국어에서도 '쪽'은 '쪽문', '쪽배', '쪽마늘' 등에서 볼 수 있는 말로서 '한쪽의', '작은'이라는 뜻이 있다. 그래서 '여물쪼빡'은 소의 '여물(먹이)'을 퍼 주는 '작은 바가지'인 셈이다.

그 밖에도 같은 물건을 말하는 '개맷바가치'는 '개매(가마솥)+바가치(바가지)'를 말하고, '소물바가치'는 소여물+바가지', '자래박'은 '자루+바가지'가 변한 말이다.

그리고 이 소죽 바가지에다 '여물을 퍼 담는 갈고랑이'를 광주·전남에서는 '곰부랏대', '곰부래', '곰뱅이', '쇠죽갈캥이', '구부댕이', '갈쿵아지' 등으로 부른다. 이들은 모두 '고무래(밭의 흙을 고르거나 아궁이의 재를 긁어모으는 데에 쓰는 丁자 모양의 기구)'처럼 '구부러진(曲)' 물건이라는 의미를 가진 말이다. '쇠죽갈캥이'의 '갈캥이'는 '갈고리'이다.

현장 구술 담화

"여그는 <u>여물조빡</u>이라 그래. <u>여물쪼빡</u>, 여물을 삶아 가지고 여그 구수에다 퍼 죠. 여물 푸는 것이라 그래."(여기는 <u>여물쪼빡</u>이라고 해요. <u>소죽 바가지</u>, 여물을 삶아 가지고 여기 구유에다 퍼 줘. 여물 푸는 것이라고 해요.)(함평군)

제1장 농사와 농기구

17 또가리(똬리)

물동이나 작은 짐보따리를 머리에 일 때 받치는 도구인 '똬리'를 광주·전남에서는 '또가리', '또바리'라고 한다.

'또가리', '또바리'는 어떻게 만들어진 말일까?

먼저 표준어 '똬리'는 '또아리'가 축약된 형태로 짚을 동그랗게 돌려가며 똘똘 말아서 만든 것이다. '또아리'는 '똘+아리'로 볼 수 있는데 '똘'은 '돌다(回傳)', '말다'에서 그 어원을 찾을 수 있다. '똬리'가 근대국어에는 '쏘애(頂圈子)'로 나와 있는데, '머리 위에 말아 있는 것'이라고 풀이되어 있다.

그래서 '똘-'은 어떤 물건이 '말아 있는 상태'를 말하는 것으로, '똘똘 말아 있다'라는 표현에서도 찾을 수 있다. 그래서 '또아리(똬리)'는 '똘+아리'가 ㄹ이 탈락한 모습이라 볼 수 있을 것 같다. '또가리'는 '또아리'에 ㄱ이 첨가된 형태이다.

광주·전남 대부분 '또가리'라고 하고, 동부 몇 개 군에서는 '또바리'라고 한다. 전남 동부의 '또바리'는 '또가리'가 '또바리'로 'ㄱ-ㅂ' 음운교체를 가져온 형이든지, 혹은 인접한 경남 방언 '따바리'의 '바'의 영향을 받은 형태가 아닌가 생각된다.

북한의 '따발총'은 총알을 넣는 탄창이 '따바리(똬리)'처럼 말아진 것을 끼웠다는 의미로 '따바리총〉따발총'이라는 말이 지어졌다고 한다. 북한에서는 '똬리'를 '따바리'라고 하기 때문이다.

―――― 현장 구술 담화 ――――

"<u>또가리</u>같이 납작하고 떫은 감은 또가리감. <u>또가리</u>겉이 생겼응게 또가리감. <u>또가리</u>, 머리에 일 때 받치는 거."(<u>똬리</u>처럼 납작하고 떫은 감은 또가리감. <u>똬리</u>처럼 생겼으니 또가리감. <u>똬리</u>, 머리에 일 때 받치는 것.)(무안군)

18 칭이(키)

　곡식의 죽정이 등을 까불어서 걸러내는 '키'는 농사를 짓던 우리 민족과 오랫동안 함께 해 온 물건이다. 이 '키'를 광주·전남에서는 서부의 '치'와 동부의 '칭이(챙이)'로 동서를 양분한다.
　'치'와 '칭이(챙이)'는 어디에서 온 말일까?

　우선 표준어 '키'는 중세국어 문헌에 '키'의 형태로 등장한다. 이 '키'는 그대로 구개음화를 겪으면서 광주·전남에서 '키〉치'의 모습으로 변한 것이다.

　그런데 '치'는 원래 한자어 '箕(기, 키)'에서 나온 말로 '곡식을 까부르는 데 쓰는 도구'인데 우리말로 동화된 외래어인 셈이다.
　그리고 전남 동부의 '칭이', '챙이'는 '키〉치'에 '-앵이(접미사)'가 첨가된 모습인데, '-앵이'는 '호맹이(호미+앵이)', '꼼뺑이(고빠+앵이)' 등에서 쉽게 찾아볼 수 있다.

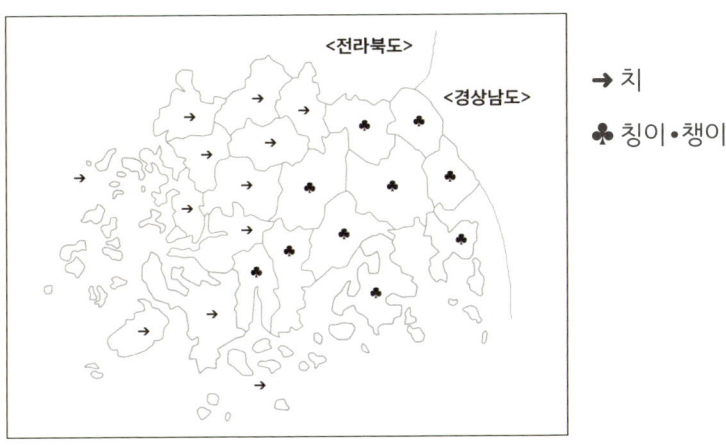

'칭이(챙이)'는 경남·북, 전남의 동부에 걸쳐 있는데, '치'는 경기도('키')를 제외하고 전국 거의 전역을 뒤덮고 있다.

그런데 표준어 '키'는 현재 사람의 '키(身長)'와 같은 동음이의어 형태이지만 중세국어에서는 둘이 다른 모습이었다. 즉 사람의 키는 '킈'로 표기되었고, 농기구의 키는 '키'였기 때문에 곡식 까부르는 농기구 '키'는 '키〉치, 칭이' 등으로 쉽게 구개음화를 겪었지만, 사람의 '킈'는 아직까지 '킈〉키'로 남아 있는 것이다.

---- 현장 구술 담화 ----

"칭이, 팽야 칭이로 곡석을 까불어야겄는디, 어다 칭이를 나돘는가. 오늘 머이라도 다 칭이로 까불어야제 안 되겄다."(키, 노상 키로 곡식을 까불어야겠는데, 어디에 키를 놔두었는가. 오늘 뭣이라도 모두 키로 까불어야지 안 되겠다.)(화순군)

19 밭호무(밭 호미)

밭의 김(잡초)을 매거나 곡식을 심기 위해서 땅을 후벼 파는 도구인 '호미'를 광주·전남에서는 '호무', '호맹이' 등으로 부른다.
'호무', '호맹이'는 어떻게 변해 온 말일까?

'호미'의 옛말은 '호미', '호믜' 등이었는데, '호믜'를 '홈+의'라고 본다면 '호무'는 쉽게 설명할 수 있다. 예를 들어 옛말 '모긔(모기)', '조희(종이)'가 광주·전남에서 '모구', '종우' 등으로 바뀐 것처럼 '호믜'도 '호무'로 바뀐 모습으로 볼 수 있기 때문이다.

'홈+의'의 '홈'은 '(깊이)파인 것'이라는 의미로 생각되는데, 광주·전남에서 '물이 흐르거나 타고 내리도록 만든 물건'으로 나무, 대를 오목하게 골을 내어 만든 대롱을 '홈대'라 하고, 표준어에서 속이 움푹 파인 끌인 '홈끌'이라 하는 데서도 '홈'을 찾을 수 있다.

'호미'는 이러한 '홈'에 접미사 '-이/-의'가 붙어서 '홈'을 파는 물건이라 본다.

['호미' 지도]
→ 호무
○ 호맹이

'밭호무'는 '밭'에 '호무'가 결합한 합성어로, 밭을 매는 호미인데, '논호무(논호미)'보다 끝이 좀 더 뾰족한 것이 특징이다. 밭은 메말라서 잡초를 뽑거나 작물을 심을 때 땅을 파기 쉽게 뾰족해야 하기 때문이다. 표준국어대사전에는 '논호미'는 있는데, '밭호미'는 없다.

그런데 '호미'는 전남의 동부 쪽으로 갈수록 '호맹이'가 많이 보인다. '호맹이'는 '호미+앵이(접미사)'로 볼 수 있을 것이다.

―――― 현장 구술 담화 ――――

"전에는 논호무 있고 밭호무 있고 그래. 논호무는 넙적허고, 밭호무는 쫍짱허니 거석허고. 우리 논호무 시 갠디 하나 젤 큰 놈 누가 얻어가서 안 가져왔는 가비여."(예전엔 논호미 있고, 밭호미 있고 그래. 논호미는 넓적하고, 밭호미는 좁다랗게 그렇고, 우리 논호미 세 개인데, 하나 제일 큰 놈 누가 빌려가서 안 가져온 것 같아요.)(영광군)

02

음식과 조리기구

이 장에서는 광주·전남에서 자주 등장하는
'음식'과 '음식을 만드는 재료', '음식을 만드는 도구'
등에 관한 어휘의 말뿌리에 대하여 살펴보려고 한다.
모든 음식을 손수 마련하여 자급자족해야만 했던 시절
생존의 절실함과 삶의 애환, 정겨움 등이 모두 담긴
말들이라고 볼 수 있을 것이다.

새참	뚜께비개떡	꼬창메주	총각지
해우쌈	도구통	기영통	비땅
소두랑뚜껑	수제	불무	반식기

01 새참(곁두리)

   주로 농사일을 하면서 아침과 점심 사이에 먹는 음식을 표준어로 '곁두리'라고 하는데 이를 광주와 전남 지역에서는 '새참[새:참]', '새꺼리', '술참거리', '참거리', '참' 등으로 다양하게 부른다. 이들을 크게 '새~'형과 '술~'형, '참~'형으로 나누어 볼 수 있다.
   '새참'의 원래 의미는 무엇이었을까?

   먼저 '새'형은 '새참', '새꺼리' 등인데, '새'는 '사이(아침과 점심 사이)'가 줄어든 말이니, '참'에 대해 알아볼 필요가 있다.
   조선시대 말(馬)이 달리다 쉬어 가는 '역(驛)'을 '참(驛站 역참)'이라 하였다. 그래서 '한참'은 '하나의 역과 역 사이의 거리'를 말한다. 이것이 차츰 그 정도의 거리를 말이 달려서 지날 때 걸리는 '시간'으로 의미 변화를 가져온다. 그러다 '새참', '술참'으로 쓰이면서는 '참'이 '먹을거리', '음식'으로 의미 변화를 겪은 것이다.
   이처럼 '참'은 '장소→거리→시간→음식'으로 특이한 의미변화를 겪은 말이고, '새참'은 '사이에 먹는 밥'이란 뜻을 갖게 된 것이다.

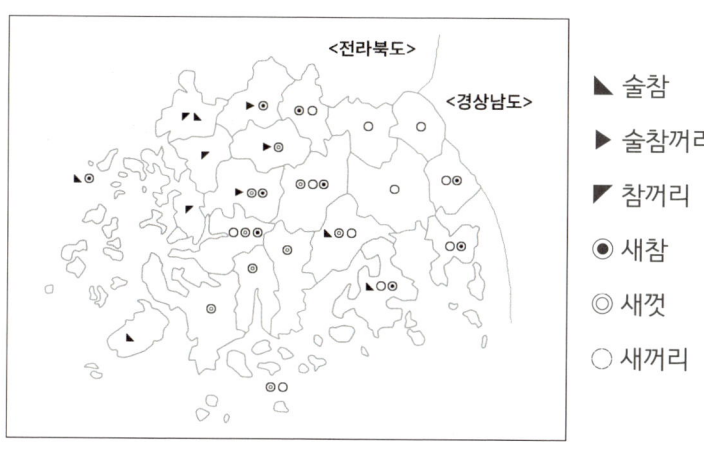

그런데 '참'을 중세국어의 '아춤(아침)'의 '춤'으로 보고, 또 광주·전남의 '이참(이번)', '해름참(어스름 때)'이라는 말을 근거로 '참'을 원래 '시간'이었던 의미가 차츰 '음식'으로 뜻이 변한 것으로 보기도 한다. '새참'은 '사이 시간'에서 '사이 음식'이 된 것이다.

또 '술'형과 '참'형은 '술참거리', '참거리' 등인데 '쉬다'는 의미의 '쉴'이 '술'로 바뀐 형이고, '-거리'는 원래 음식의 '재료'를 말하던 것이 차츰 '재료'로도 쓰이고 그냥 '음식'으로도 쓰인다.

현장 구술 담화

"<u>새참</u>, 새에 묵는 거, 아이구 배가 고픈께 <u>새참</u> 얻어 묵을라고 애기들이 따라 댕에요, <u>새참</u>은 찰밥도 하고 메조밥도 찌고 막. 서숙밥 하고."(<u>곁두리</u>, 아침과 점심 사이에 먹는 밥, 아이고 배가 고프니까 <u>곁두리</u> 얻어 먹으려고 아이들이 따라 다녀요. <u>곁두리</u>는 찰밥도 하고 맵쌀밥도 찌고 막. 조밥 하고.)(고흥군)

02 뚜께비개떡
(함부로 찐 개떡)

예전에 농촌에서 주로 만들어 먹었던 '개떡'은 보리나 밀에서 곡식의 고운 속겨인 밀겨, 보릿겨 따위를 반죽하여 아무렇게나 반대기를 지어 밥 위에 올려서 쪄 먹는 떡을 말하는데, 광주·전남에서는 '뚜께비개떡', '마구잽이개떡'이라는 말을 사용하였다.

'뚜께비개떡'은 어떻게 만들어진 말일까?

우선 '개떡'의 '개-'는 접두사로서 '개도토리', '개복성(복숭아)'의 '질이 약간 떨어진다'라는 뜻을 가진 '개-'로 볼 수 있을 것이다.

자칫 '쌀겨'로 만든다는 의미인 '겨떡'이 '겨떡〉계떡〉개떡'으로 변한 말로 보면 안 된다. '겨'는 광주·전남에서 '속제', '죽제'처럼 '제'로 변하므로 '개떡'이 아니라 '제떡'이어야 할 것이다.

'뚜께비개떡'은 '두꺼비'를 말하는 '뚜께비'에 '개떡'을 합한 말인데, 예전에 주로 통밀을 갈아서 체로 곱게 걸러내지 않고 밥 위에 올려서 만든 개떡으로, 보통의 개떡보다 더 거칠게 만든 개떡이다.

'뚜께비'는 옛 문헌에서 '두텁이', '둣겁이' 등으로 나오는데, '두껍다', 또는 '우둘투둘하다'라는 의미가 있는 것으로 보인다. '두터비(둗(厚)+

업(접사)+이))두꺼비'의 변화를 겪어 왔을 것이다.

'뚜께비개떡'은 '두꺼비'처럼 모양이 '우둘투둘하게 함부로 찐 개떡'을 말하고 있다. 또 이와 같이 돌확(작은 절구)에다 밀을 갈아서 함부로 쑨 죽을 '뚜께비밀죽'이라고 했다. 이 경우 모양이 그렇다는 뜻이 아니고 '뚜께비개떡'에서 '함부로'라는 의미에 유추되었을 것이다.

전남의 동부에서는 '두께비개떡'을 '마구잽이 개떡'이라고도 불렀다. '함부로 만든 개떡', '마구잡이로 찐 개떡'이라는 뜻이다.

현장 구술 담화

"시방도 개떡 해. 밀 맷돌에다 갈아 각고 고놈 앉혀, 반죽을 해 요렇고 손구락이 퐁퐁 들어가. 그러먼 안 우둘부둘허요, 그것보다가 <u>뚜께비개떡</u>이라 그래. 손으로 눌르먼 손구락 요렇고 테거리가 요렇게 나 있어. 옛날에 일고 씨었제. 뚜께비 등거리마니로 토돌토돌 헝께 <u>뚜께비개떡</u>이라 그랬는 갑습디다."(지금도 개떡을 해. 밀을 맷돌에다 갈아서 그것을 앉혀, 반죽해서 이렇게 손가락이 푹 들어가. 그러면 우둘투둘하잖아요, 그것을 <u>두꺼비개떡</u>이라고 그래. 손으로 누르면 손가락이 이렇게 표시가 나 있어. 예전에 아주 많았어요. 두꺼비 등같이 우둘투둘하니까 <u>두꺼비개떡</u>이라고 그랬는가 봅디다.)(영광군)

03 꼬창메주
(고추장메주)

표준국어대사전에는 '메주'에 대해 풀이하기를 콩을 삶아서 찧은 다음, 덩이를 지어서 띄워 말린 것으로 간장, 된장, 고추장 따위를 담그는 원료로 쓴다고 하고 있다. 그러나 광주·전남에는 국어사전에 없는 '꼬창메주'라는 말이 있다.

'꼬창메주'는 어떻게 만들어진 말이고, 그냥 '메주'와는 어떤 차이가 있는 말일까?

'고추장'은 광주와 전남에서는 '꼬치장', '꼬창'이라고 말하는데, '고추로 만든 장(醬)'이라는 뜻이다. 그리고 이 '꼬창'을 담기 위해서 만든 메주를 '꼬창메주'라고 말한다. '꼬창'은 '고추장〉꼬추장〉꼬치장〉꼬창'으로 변한 말이다. '추〉치'처럼 ㅜ〉ㅣ 음운변이는 광주·전남에서 '손주〉손지', '정주(鼎廚)〉정지(부엌)' 등에서 쉽게 찾아볼 수 있다.

'꼬창'은 '고추+장'이 변한 말이니, 먼저 '고추'의 유래를 살펴보자. '고추'는 15c 중세국어에서부터 '고쵸(苦椒)'라는 말이 나온다. 당시의 '고추'는 지금의 고추가 아니고 '후추'를 의미했다고 한다. 그러다 16c 말 일본을 통해 지금의 매운 '고추(예고쵸-왜고추)'가 들어오자 '후추'는 '고추'에 자리를 내주고

'고쵸'에서 '호쵸(후추)'로 이름을 바꾸게 되고, 18c 이후에는 '고추'-'후추(호쵸)'가 구분되어 쓰이게 되었다.

그리고 '후추'는 원래 '호쵸(胡椒)'인데, '호'는 '호박', '호떡' 등에서 보이는 것과 같으며, 이는 '오랑캐(호 胡)에서 온 풀', '중국에서 들어온 풀(산초)'이라는 뜻이다.

북한에서는 고추를 '당추', '당초'라고도 하는데 이는 당(唐)나라에서 왔다고 인식하고 있는 듯하다. '당-'이 붙은 말은 '당나구(당나귀)', '당성냥' 등에서 쉽게 볼 수 있다.

외국인들은 한국 사람들이 매운 고추장을 잘 먹는 것을 보고 놀란다고 한다. 매운 고추를 또 고추장에 찍어 먹는 것을 보면 더욱 그럴 것이다. 어쩌면 오늘 세계에 한류 붐을 일으키고 있는 원동력도 바로 이러한 고추장처럼 매운맛을 지닌 한국인의 저력이 세계인들에게 강한 인상을 심어 주고 있는 것은 아닐까?

현장 구술 담화

"장꼬방에 가서 꼬창 잠 떠 오이라. 꼬창이라 글기도 허고 고추장이라 글기도 허고. 요건 <u>꼬창메주</u>, 요걸로 꼬치장 맨든당께. 찹쌀죽 써각고 맨들아, <u>꼬창메주</u>."(장독에 가서 고추장 좀 떠 오너라. 꼬창이라 그러기도 하고 고추장이라 그러기도 하고. 요건 <u>고추장메주</u>, 요걸로 고추장 만든다니까. 찹쌀죽을 끓여서 만들어, <u>고추장메주를</u>.)(담양군)

04 총각지(총각김치)

표준어의 '총각김치'는 '굵기가 손가락만 한, 또는 그보다 조금 큰 어린 무를 무청째로 여러 가지 양념을 하여 버무려 담근 김치'라고 나와 있다.

광주·전남에서는 이를 '총각지'라고 하는데, '총각무'로 담근 김치를 의미한다.

'총각지'는 어떤 뜻을 담고 만들어진 말일까?

먼저 표준어 '총각무', '총각지'의 '총각'에 대해 살펴보면 그 의미가 분명해진다. '총각'은 한자어인데 '총(總 상투멜 총)'과 '각(角 뿔각)'으로 이루어진 단어이다. 즉 결혼 전의 사내아이들 머리를 양쪽으로 갈라 뿔 모양으로 동여맨 머리를 '총각 머리'라고 하는데, 이렇게 머리에 상투를 쓰지 않고 머리를 뿔 모양으로 동여맨 사람을 일컬어 '총각'이라고 한 것이다.

그래서 '총각무'란 바로 작은 무가 마치 '총각'의 머리의 모습을 닮아서 이를 빗대어 생겨난 말이다. 이 손가락 굵기만 한 어린 무를 통째로 양념에 버무려 담근 김치가 '총각지'이다. '총각무'를 광주·전남에서는 '알타리무시', '알타리무수'라고도 한다.

'총각지'의 '지'는 광주·전남에서 '김치'를 의미한다. '지'의 옛 모습은 중세국어에서 '쟝앳디히(장아찌)'에서 보이는 '디히'였으며 차츰 '디히〉지이〉지'로 변해 온 것을 알 수 있다.

표준어 '김치'는 한자어 '침채(沈菜)'가 옛말에서부터 '딤치〉짐치〉김치'로 변한 모습이기 때문에 '김치'는 한자어지만 광주·전남의 '지'는 순 우리말이다.

현장 구술 담화

"알타리도 있고, 그런 놈은 온놈으로 <u>총각지</u> 담고. 쪼개서 깍두기도 담고, 한지 담고, 좀 크게 쪼개서 담은 것은 쪼각지고, 잘잘허니 담은 것은 깍두기, 또 알타리 잘잘헌 거 안 있소. 알타리는 <u>총각지</u>로 담제."(총각무도 있고, 그런 것은 통째로 <u>총각김치</u>를 담그고. 쪼개서 깍두기도 담그고, 싱건지 담그고, 좀 크게 쪼개서 담근 것은 쪼각지고, 잘게 담근 것은 깍두기, 또 총각무라고 작은 것 있잖아요. 총각무는 <u>총각김치</u>를 담그지.)(나주시)

제2장 음식과 조리기구

05 해우쌈(김밥)

바닷가에서 나는 '김'을 광주·전남에서는 '해우'라고 하고, '김밥'을 '해우쌈', '해우밥'이라고 했다.
'해우쌈'은 어떻게 만들어진 말일까?

'김'에 대한 옛 문헌 기록을 보면 '해태', '건태', '해의' 등으로 불렀음을 알 수 있다. '해태(海苔)'는 '바다에서 나는 이끼'라는 뜻이고, '건태(乾苔)'는 '마른 이끼'라는 뜻이며, '해의(海衣)'는 바위 등을 덮는 '바다 옷'이라는 뜻이다.
'해우'는 『세종실록』, 『경상도지리지』 등에 '해의(海衣)'라는 말에서 유래한다. 이 '해의(海衣)'가 '해의〉해우'로 음운 변이를 거친 말이다. 김을 바다의 너풀거리는 풀의 모양을 연상하여 '해의', 즉 '바다 옷(海依)'이라고 이름을 붙인 듯하다. '쌈'은 '싸다'의 파생명사이다.
그래서 '해우쌈'은 '해우'로 '싸다'라는 의미이니 '김밥'을 의미하는 말이다.
예전에는 이 '해우쌈'을 지금처럼 누구나 쉽게 먹을 수 있는 음식이 아니었다. 워낙 김이 귀하다 보니 김밥은 일부 부잣집에서나 먹을 수 있었고, 대부분 집에서는 김 한 장, 또는 절반으로 밥 한 그릇을 다 먹기도 하였다.

　김은 인조 18년(1640년경)에 전라남도 광양 태인도에서 처음으로 양식하는 데 성공하였다는 말이 전해 내려온다. 김여익은 원래 전남 영암 출신으로 병자호란 때 의병을 일으켰으나 조정이 항복하자 태인도에 숨어살던 중에 소나무와 밤나무 가지를 이용한 김 양식 방법을 창안하였다고 한다.
　우리나라의 김은 아시아는 물론 미국·유럽에까지 인기가 많아 갈수록 수출량이 늘어나고 있다고 한다.

　광주·전남에서는 '해태(海苔)'나 '건태(乾苔)'라는 말은 잘 사용하지 않았고 주로 '해우'라는 말을 사용하였으며, 이제는 '김'이 '해우'의 자리를 차지하고 있다.

현장 구술 담화

"해우라고 많이 해. 해우쌈 싸 먹는다고, 해우밥 싸묵는다고. 지금은 해우라 안 허지. 그땐 김밥이라고 안 했어. 해우쌈이라 갯제. 맛있었제, 그때 해우쌈이 어디가 있어. 배고프다 허먼 거칠거칠 짐치 같은 걸 묵은께."(해우라고 많이 불러. 김밥을 싸 먹는다고, 김밥을 싸 먹는다고. 지금은 해우라 안 하지. 그땐 김밥이라고 안 했어. 해우쌈이라고 했지. 맛있었지, 그때 김밥이 어디에 가 있어. 배고프다 하면 거칠거칠 김치 같은 것이나 먹으니까.)(나주시)

06 도구통(절구통)

통나무나 돌, 쇠 따위를 속이 우묵하게 만들어 곡식 따위를 넣고 공이로 곡식을 빻거나 찧으며 떡을 치기도 하는 기구인 표준어 '절구'에 대한 광주·전남의 말은 '도구통', '도구', '도구텡이' 등이다.

'도구통'의 정확한 의미와 그 변화의 모습을 보자.

'도구'는 한자어 '도구(搗臼)'에서 온 말로 '搗(찧을 도)'와 '臼(절구 구)'로 이루어진 말이다. 그래서 '도구통'은 이 '도구'에 '통'이 합하여진 합성어이다.

광주·전남의 말 '돌(石)'을 '독'이라고 했으니 '독팍(돌팍)', '독떼미(돌더미)'라는 말처럼 '도구통'도 '독의통(독+의+통)〉도긔통〉도구통'으로 변해 온 것으로 생각해 볼 수도 있지만 신중해야 한다.

'도구통(절구통)'을 지역에 따라 '도구', '도구텡이'라고 하기도 하고, 절구의 찧는 공이를 '도굿대'라고 한다. 그리고 '도구통' 안에서 곡식을 갈 때 사용하는 동그랗고 매끄러운 돌을 '폿돌'이라고 한다.

'도구통'이란 말은 일반화되어서 나중에 나무로 만든 절구도 '나무도구통'이라고 부른다. 또 돌을 쪼아 파내어 만든 작고 낮은 도구통을 표준어로 '돌확'이라고 하는데 광주·전남에서는 '확독[확똑, 확:똑]', '화독'이라고 한다.

대부분 모든 집에 이 튼실한 '도구통'이 없는 '정지(무엌)'를 상상할 수 없다. 거의 모든 알곡식은 이 '도구통'을 거쳐야 다음 음식 재료로서의 기능을 수행할 수 있기 때문이다. 탈곡을 마치고 어느 정도 겉껍질이 벗겨진 보리의 경우라도 '도구통' 안에서 '도굿대(절굿공이)'에 적당히 더 찧어져야 밥을 할 수 있으니까 말이다.

그러나 무엇보다 이 '도구통' 최고의 신나는 역할은 설날 앞두고 쿵덕, 쿵덕 '떡'을 치는 소리를 내는 데 있을 것이다. 물론 도구통이 아닌 널빤지에 떡메로 치기도 하지만...

현장 구술 담화

"송쿠떡은 송쿠를 벳게다가 먼 가리 쪼끔 있는 사람은 그놈하고 섞어 각고 쪄서 <u>도구통</u>에다 쳐 각고 해 묵어요. 송쿠떡을 익화, 가리를 송쿠에다 묻혀 시리에다 바구리에다 쪄 각고 익으먼 <u>도구통</u>에 쳐, <u>도구통</u>에 쳐 각고 해 묵었어. 송쿠떡도 해 묵고 물구죽도 써 묵고, 물구하고 둥구리, 둥구래미하고 쑥하고 해서 고아 각고 헌 거이요."(송기떡은 송기를 벗겨다가 무슨 가루가 조금 있는 사람은 그것하고 섞어서 쪄서 <u>절구</u>에다 찧어서 그냥 해 먹어요. 송기떡을 익혀, 가루를 송기에다 묻혀서 시루에다 바구니에다 쪄서 익으면 <u>절구</u>에 찧어, <u>절구</u>에 찧어서 해 먹었어. 송기떡도 해 먹고 물구죽도 쒀 먹고, 물구하고 둥구리하고 쑥하고 섞어서 과서 만든 것이요.)(보성군)

07 기영통(개수통)

음식 그릇을 씻을 때 물을 담는 통을 표준어로 '설거지통', '개수통'이라고 하는데, 광주·전남에서는 대체로 이를 '기영통', '경통'이라고 한다. 그리고 설거지를 '기영설거지', '기영설'이라고 하고, 설거지하는 행위를 '기영시끄다', '기영치다', '기영설다', '경치다'라고 한다.

이들 설거지와 관련된 '기영통', '경통'은 어디에서 온 말일까?

먼저 표준어 '설거지통'의 '설거지'는 '설겆다'에서 온 말로, '설겆다'는 옛말 '설다(정리하다)+겆다(수습하다)'의 합성어로 보는 견해가 설득력이 있어 보인다. 중세국어 월인석보에 '설엊다'란 말이 나오는데 바로 이전의 말이 '설겆다'라는 말이었음을 짐작할 수 있다. '설엊다'는 지금의 '설거지하다'와 같은 뜻이었고, 또 물건을 '정리하다'라는 의미로도 쓰이었다. '설다'나 '겆다'는 둘 다 '정리하다'라는 의미였다.

'기영'은 원래 '기명(器皿)'이라는 말에서 왔는데, '기명'은 살림살이에 쓰는 '그릇'을 통틀어 이르는 말이다. 그래서 '기영통', '경통'은 '기명통〉기영통〉경통'으로 변해 온 것이다.

예전에는 이 '기영통'을 주로 나무통을 깊이 파서 소의 '구유(먹이통)'처럼 만들었다. 그래서 지역에 따라서는 '기영통'을 '기영구시', '기멍구시'라고도 한다. '구시'는 '구유(소의 먹이통)'의 광주·전남의 말이다.

표준어 '구유'의 옛말이 '구△l', '구슈' 등이었는데, 표준어에서는 옛말의 ㅅ, △이 사라진 '구유'인 반면, 광주·전남에서는 ㅅ을 유지하고 있는 고형 '구시'가 그대로 사용되었다.

현장 구술 담화

"나무로 파 각고 <u>기영통</u>, 구시마니로 파 각고, 구시통, <u>기영통</u>이제. 구시통, 구시, 발 달래 각고 거그서 기영설거지 좋았어라."(나무로 파 가지고 <u>개수통(설거지통)</u>, 구유같이 파 가지고, 구유통, <u>기영통</u>이지. 구유통, 구유, 발이 달려서 거기서 설거지하기가 좋았지요.)(무안군)

08 비땅(부지깽이)

표준어 '부지깽이'는 아궁이에 불을 땔 때 불을 헤치거나 끌어내는 데 쓰는 가느스름한 막대기를 말한다. '부지깽이'를 전남 서부지역에서는 주로 '비땅(삐땅)', '부지땅', '부시땅' 등으로 부르고, 동부에서는 '부작댕이', '부지땡이'란 말을 사용하였다.

'비땅'은 어떻게 생겨난 말일까?

우선 광주·전남 지역의 분포를 보면 '비땅-부지땅-부지땡이-부작때기'인데 동부에서 서부 쪽으로 갈수록 축약형을 볼 수 있다.

이들 모습은 '부작-'과 '부지-' 두 형태로 나누어 볼 수 있는데 두 어형은 말의 뿌리가 다르다. 먼저 '부작-'형은 '불(火)+작대기'에서 그 어원을 찾을 수 있다.(불작대기〉부작대기)

그리고 '부지-'와 관련된 옛말은 중세국어의 '블딛다(불 때다)'와 근대국어에 '부짓대', '부지대' 등이 보인다.

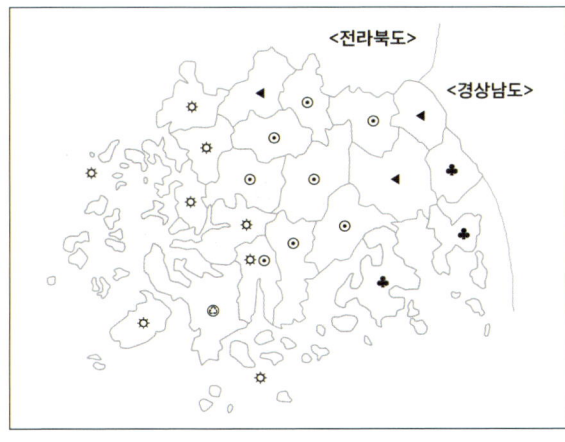

☼ 비땅·삐땅
◉ 부지땅
◀ 부지땡이
♣ 부작댕이

'부지땅', '부지땡이'는 '블(火)'에 옛말 '딛다(때다)'의 '딛'이 합성된 '블딛'에 접미사 '-앙'이 붙은 모습으로 볼 수 있다. '블딛앙〉부지땅〉부지땡이'의 변화를 생각해 볼 수 있다. 그리고 '비땅'은 '부지땅〉부이땅〉비땅'으로 변해왔을 것이다. '삐땅'은 '비땅'이 된소리가 된 모습이다. 나무로 만든 '비땅'은 불에 잘 타므로 쇠로 된 막대기도 사용했는데, 이를 '쇠비땅'이라고 하였다.

──── 현장 구술 담화 ────

"비땅으로 불을 때제, 그것이 비땅이제, 부삭짝에 부지깽이로 두드리면서 불을 때. 솥단지 걸어 논 디, 그때는 농촌 다 부수막이여, 부수막, 비땅, 다 그래."(부지깽이로 불을 때지, 그것이 비땅이지. 부뚜막을 부지깽이로 두드리면서 불을 때. 솥을 걸어 놓은 데, 그때는 농촌 다 부뚜막이여. 부뚜막, 비땅이라 다 그래.)(영암군)

09 소두랑뚜껑 (솥뚜껑)

솥을 덮는 뚜껑. 가운데가 볼록하게 솟고 복판에 손잡이가 붙어 있는 것을 표준어로 '솥뚜껑', '소댕'이라고 한다. 광주와 전남에서 '솥뚜껑'은 대체로 '소두방', '소두랑', '소부당' 등으로 부른다.

그런데 여기에 '뚜껑'이 한 번 더 붙어서 '소두랑뚜껑(영광)', '소당뚜껑(진도)' 등으로 쓰이는 특이한 어형을 눈여겨 볼 수 있다.

'소두랑뚜겅'은 어떻게 만들어진 말일까?

광주·전남에서 이 '솥뚜껑'에 붙은 '뚜껑'은 '두방', '두랑', '부당' 등의 여러 음운 변이를 보이는 것을 볼 수 있다. 그래서 '소두방뚜껑'은 '솥+두랑+뚜껑'으로 솥에 '뚜껑'을 뜻하는 '두랑'에 또 같은 '뚜껑'이 합하여 '외갓집', '새신랑'처럼 동의중복이 된 모양이다.

'소당뚜께'란 말도 쓰이는데, '소당뚜께'는 '소부당뚜께〉소당뚜께'로 변한 말로 보이며, 역시 '뚜께'가 '뚜껑'을 의미하므로 '뚜껑'이 중복으로 붙어 있는 모습이다.

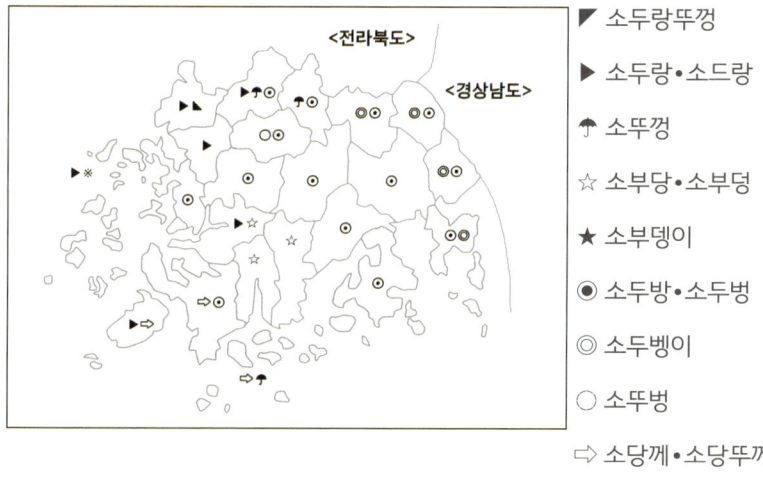

 예전의 솥은 거의 모두가 무쇠로 만든 가마솥이었다. 그래서 이 가마솥의 '소두랑뚜껑'을 거꾸로 눕혀 놓고 그 아래에 불을 때고, 여기에 부침개를 부쳐 먹거나 고기를 볶아 먹는 모습을 볼 수 있었다. 물론 예전에는 돼지고기나 소고기는 쉽게 먹을 수 있는 먹거리는 아니고 명절이나 잔치가 있을 때 먹을 수 있는 귀한 음식이었다.

현장 구술 담화

"아이, <u>소두랑뚜껑</u> 덮어라. 솥뚜껑 <u>소두랑뚜껑</u>, 어지께도 잘 안 덮어나서 옆으로 빗게져 부렀드라. 정지 천장에서 흙 떨어지면 솥단지에 흙 들어갈라."(아이, <u>솥뚜껑</u> 덮어라. 솥뚜껑 <u>소두랑뚜껑</u>, 어제도 잘 안 덮어놓아서 옆으로 벗겨져 버렸더라. 부엌 천장에서 흙이 떨어지면 솥 안에 흙 들어갈라.)(무안군)

10 수제(숟가락)

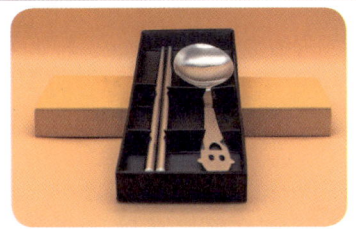

'숟가락'을 광주·전남에서는 '수제', '숟구락', '숟갈'이라고 하고, 솥에서 밥을 푸는 도구인 '주걱'을 '주격', '주벅', '밥죽'이라고 한다. '수제'의 원래 의미는 무엇이고, '주벅'은 어디서 온 말일까?

우선 '숟구락'은 '숟가락〉숟구락'으로 변하고, '숟갈'은 '숟가락〉숟갈'로 변해 온 것을 쉽게 짐작할 수 있을 것이다.

'숟가락'은 원래 '술+가락'이었다. '술'은 '한술 밥에 배부르랴'라는 말에서 보듯 '한 숟가락'의 작은 분량을 말한다. '술〉숟'에서 보는 ㄹ〉ㄷ 변화는 '설달(설+달)〉섣달', '이틀날(이틀+날)〉이튿날'과 같다. '숟가락〉숟구락'은 '손가락〉손구락'과 같다.

그런데 광주·전남에서 '숟가락'을 흔히 '수제'라고 하는데 사실은 '수제'는 원래 '숟가락'과 '젓가락', 이 두 가지를 함께 이르는 말이다. 즉 '수제'는 '술저'로서 '술저[술(숟가락)+저(箸 젓가락)]〉수저〉수제'가 된 말로, 우리말+한자어 두 단어 합성어인 셈이다.

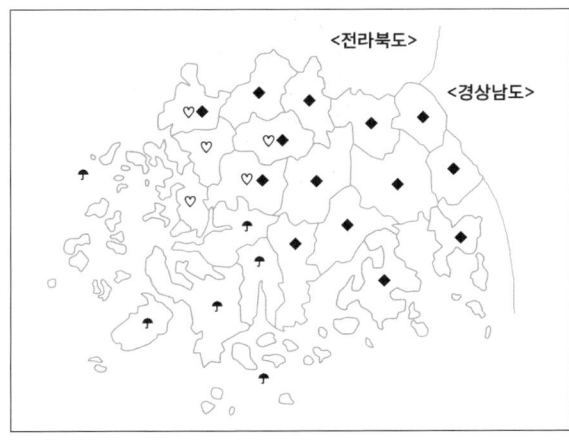

 또 밥을 뜨는 도구인 '주걱'의 옛말은 '쥬게', '쥬걱'인데 '밥을 뜨는 삽(臿)'을 말하고, 이것은 '쥭+에(접미사)', '쥭+억(접미사)'의 모습임을 알 수 있다. '쥭'은 '삽'이라는 고유어이다.

 광주・전남에서 가장 많은 유형은 '주벅'형이고, 남서쪽 해안 지역에서 '밥죽'형과 전북 가까운 지역에 '주걱'형이 3분되어 있는 것을 확인할 수 있다.

 '주벅'은 '주걱〉주벅'의 음운교체 형이다. '또가리〉또바리', '거품〉버끔' 등에서 볼 수 있다.

현장 구술 담화

"숟꾸락은 아그들한테 쓰는 말이고, 어르신들한테는 '<u>수제</u> 좀 건네주씨요', 그랬제. <u>수제</u>가 더 존 말이제."(숟가락이란 말은 아이들에게 쓰는 말이고, 어르신들께는 '<u>수제</u>〈숟가락〉좀 건네주세요'라고 하였지. <u>수제</u>〈숟가락〉가 더 좋은 말이지.)(완도군)

11 불무(풀무)

아궁이에 불이 잘 붙게 하기 위하여 손으로 돌려서 바람을 일으키는 기구를 표준어로 '풀무(冶)'라고 하는데, 광주와 전남에서는 거의 전역에서 '불무'라고 한다.

'불무'는 어떻게 생겨난 말일까?

표준어 '풀무'는 중세국어에서 '불무'로 등장한다. 그리고 근대국어에 와서야 '풀무'가 나타나는데, 이러한 기록으로 보아 광주와 전남의 '불무'는 중세국어 '불무'를 아직까지 그대로 사용하고 있는 고어(古語) 형태에 해당한다고 볼 수 있다.

이 '불무'는 '불+무'로서 '불(火)'과, '무'의 합성어인데, '무'는 옛말(중세국어) '무으다', '무우다', 즉 '흔들다'라는 말에서 왔다. 그래서 '불무'는 '불을 흔들다'라는 뜻으로, '불을 일으키는 도구'를 의미한다고 볼 수 있을 것 같다.

'불무'는 표준어에서(풀무) 거센소리가 된 특이한 경우이다. 광주·전남의 말은 '벌써〉폴쌔', '병풍〉팽풍', 'ᄇᆞ르시〉포도시'에서처럼 격음화의 변화가 많은데, 오히려 광주·전남 거의 전역에서 '풀무'는 보이지 않고 고어 형태인 '불무'만 사용되고 있어 흥미롭다.

부엌에서 아궁이에 바람을 불어 넣는 '불무'는 작은 소쿠리만한 크기인데, 손잡이를 돌려서 바람을 일으키면 신기하게 불이 잘 붙는다. 대장간에서 사용하는 '불무'는 크기나 모양새가 크고 다르다.

현장 구술 담화

"장에 성냥하로 가제, 성냥쟁이가 거 불무로 분무질해서 호무랑 낫이랑 모다 연장을 뚜드라. 부살에도 불무 쓰제."(장에 <대장간에>고치러 가지, 대장장이가 그 풀무로 풀무질해서 호미랑 낫이랑 모든 연장을 고쳐. 아궁이에도 풀무를 사용하지.)(강진군)

12 반식기(잡곡밥)

예전에는 시골에서 '반식기'라는 말을 흔히 들어볼 수 있었다. 돈이 귀하였기 때문에 쌀은 모두 돈으로 바꾸어 버리고, 보리나 서숙(조) 등이 주식이 된 시절의 이야기이다.

'반식기'는 어떻게 만들어진 말일까?

이 '반식기'라는 말은 쌀과 보리가 '절반이 섞이었다'라는 뜻이다. 그래서 '반식기'는 '반섞이(반+섞이)〉반섹이〉반식기'로 변해 왔다. '반식기'는 부러움의 대상이 되는 밥을 일컫는 말이었다.

현장 구술 담화

"아이 옥성이 집에 강께 그 집이는 반식기를 묵드라, 잉. 우리집은 생판 서숙밥, 깡보리밥만 묵는디."(아이, 옥성이 집에 가니까 그 집에는 쌀과 보리 절반 섞인 밥을 먹더라, 응. 우리집은 늘 조밥, 꽁보리밥만 먹는데.) (곡성군)

03 가옥과 구조물

이 장에서는 '집의 구조', '집 안의 구조물'과 관련된 어휘의 말뿌리에 대하여 살펴보려고 한다.
이제는 지난 농업 위주 사회의 의식주 모든 면에서 많은 변화가 있었다. 아마 그중에서도 부엌과 화장실이 가장 그러할 것 같다. 지금의 젊은이들에게는 참 생소하게 들릴 것이다.

용마람	지시랑물	걸밖	서끌뿌리
지아	정제	부떡	치깐
여물청	장꽝	짝두새암	베랑박
실겅			

01 용마람(용마름)

　표준어 '용마름'은 초가의 지붕 마루에 덮는 'ㅅ'자형으로 엮은 이엉을 말하는데, 이 '용마름'은 다음 페이지 지도에서 보듯 광주·전남에서는 대체로 '용모름'형과 '용마람'형이 동서로 양분되어 있다.
　'용마람'은 어떤 의미로 어떻게 생겨난 말일까?

　'용마람'은 '용+마람'으로 볼 수 있는데, 광주·전남에서 '마람'은 표준어 '마름', '이엉'을 일컫는 말이었다. '마람을 엮는다', '마람집(초가집)' 등에서 사용하는 말이다. 쉽게 말하면 '마람'은 '짚을 엮어 지붕을 감싸는 덮개'를 말하는데, '용마람'은 초가의 지붕 마루에 덮는 'ㅅ' 자형으로 엮은 이엉을 말한다.

　'용마람'은 그 '마람(이엉)'의 모양이 '용(龍)'처럼 생겼다는 의미로 보는 견해가 우세하다. 그래서 '용마람'은 '지붕의 맨 꼭대기의 덮개(이엉)'를 말하는 것이다. 그런데 원래 '마람(마름)'은 풀의 일종인 '마름 릉(菱)'으로 '물풀'을 의미하는 말이었다.

그래서 지붕 위의 높은 곳을 덮을 때 이러한 풀이 사용되면서 '용마람' 이라는 합성어까지 만들어지게 된 것이라 보인다.

'마람'을 전남 동부에서는 '날개'라고 한다.

예전에는 대부분의 많은 집이 초가집이어서 지붕에 이엉을 이었기 때문에 추수가 끝나면 한 해 한 번씩 '마람(날개)'으로 지붕을 이는 작업을 해야 했다. 대여섯 사람이 함께 지붕 위에서 일하는 모습은 지금은 볼 수가 없는 풍경이 되었다.

현장 구술 담화

"요거이 마람집 아니요. 집을 마람으로 둘른데, <u>용마람</u>, 지시락대 둘른다 지시락대, 지시락을 바람 불면 대를 위쪽에다 놓고 한 바꾸 둘러 갖고 새끼로 뭉꺼"(이것이 마름집 아닌가요. 집을 이엉으로 둘러치는데, <u>용마름</u>, 기스락대 두른다 기스락대, 기스락을 바람 불면 대를 위쪽에다 놓고 한 바퀴 둘러서 새끼로 묶어.)(신안군)

02 지시랑물(지지랑물)

초가의 처마 끝에서 떨어지는 물을 표준어로 '기스락물', '지지랑물'이라고 하는데, 지도에서처럼 전남의 동부 쪽에서는 '집시랑물'이 널리 분포하고, 북서부와 서남부 해안가에서는 '지시랑물'이 자리 잡은 것을 볼 수 있다.

'지시랑물'은 원래 무슨 뜻이고 어떻게 변해 온 말일까?

먼저 '지시락'은 표준어 '기스락'이 구개음화가 된 모습이다. 그런데 기스락과 관련된 옛말은 '기슭믈(낙숫물)', '기슭집(기스락집)'을 볼 수 있는데, '기스락(깃+으+락)', '기슭(깃+윽)'의 '깃'은 '집'이나 '보금자리'를 나타내는 '새의 둥지'를 말하는 '깃(巢)'으로, 구개음화와 ㅅ〉ㅂ 변화를 거쳐 '깃〉짓〉집'으로 변했을 것이라고 보고 있다. 이러한 ㅅ〉ㅂ 변화는 '줏다〉줍다(拾)', '헌것〉헝겊' 등의 예에서도 볼 수 있다.

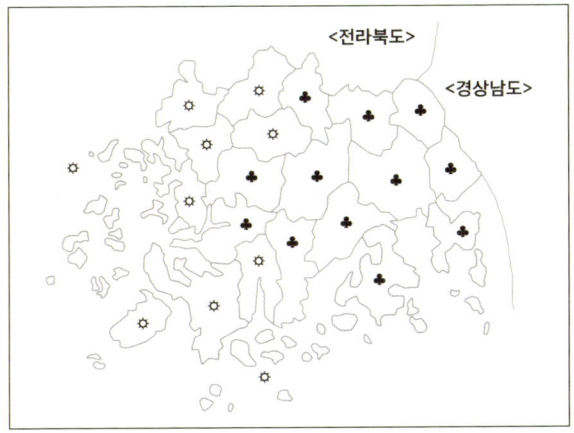

　그래서 '지시랑물'은 '기스락물〉지스락물〉지시랑물'로 변한 것인데, '락'은 물이 '떨어지다(落)'라는 의미로 보인다. 담양 등에서 보이는 '서근새물'은 '썩은 물'이라는 뜻이고, 무안의 '추건물'은 '추한 물'이라는 뜻이다. 짚으로 엮어 얹힌 지붕의 이엉이 오래되면 썩은 빗물이 추하게 보인다는 의미의 말일 것이다.

현장 구술 담화

"집 이고 지시락 짤라 내면 그렇게 예뻐. 지시락에서 떨어진 물 <u>지시랑물</u>이라 그래. 저실에 <u>지시랑물</u>이 고더럼 되지."(지붕을 이고 기스락 잘라 내면 아주 예뻐. 기스락에서 떨어진 물을 <u>지시랑물</u>이라 그래. 겨울에 <u>기스락물</u>이 고드름이 되지.) (함평군)

03 걸밖(사립 밖)

집에 대문 대신에 '사립짝'을 달아서 만든 문을 표준어로 '사립문'이라고 하는데, 광주·전남에서는 '사립문 밖'을 흔히 '사름문악', '사릅박', '새릅밖', '샐팍', '걸밖', '새름막', '샘막'이라고 한다.

'걸밖'은 어떻게 만들어진 말일까?

'걸밖'을 알기 전에 먼저 이와 관련된 '사름문악', '새릅밖', '샐팍', '사릅 밖' 등에 대해 알아보자.

'사름문', '새름문'은 원래 '싸리나무'의 '싸리', 또는 '막대'를 뜻하는 '살'에서 왔다고 보는 견해가 우세하다. 그래서 '싸릿문〉사립문〉사름문〉새름문'으로 변해 왔을 것이다.

그래서 '사름문악'은 위의 '사름문'에 '밖'이 합하여져 '싸릿문밖〉사름문악'의 변화를 겪은 것으로 보이며, '새릅박', '샐팍'도 '사립문밖'이 줄어든 형태라고 볼 수 있을 것이다.

광주·장성 등지의 '걸밖'은 '거리의 밖'이라고 볼 수 있는데, '길거리'를 말하는 '거리'와 '밖'이 합성된 말이다. 또 '걸음 밖'이라고 볼 수도 있을 것이다. 그리고 '걸막'은 진도 등지에서 말하는 '샘막', '새름막'의 '막'

에 이끌려 생겨난 말로 보인다.

　예전에 대체로 부잣집은 대문이 있었으나 가난한 초가집엔 사립문이 있었다. 그리고 이 사립문의 바깥인 '걸밖', '새릅밖', '샐팍'에서는 실로 많은 일이 벌어졌었다. 아이들의 공기놀이에서부터 병정놀이, 어른들이 모여서 마을 일을 의논하고 때로 고성(高聲)이 오가는 사람이 사는 그곳, 이 '사름문'과 '사름문악'은 이제 추억의 거리가 되었다.

현장 구술 담화

"사름문, 걸밖이라 사름문악에, 걸밖에 누가 왔는 개비다. 사름문악에 사름문악에 가지 마라, 걸막에 가지 마라."(사립문, 걸밖이라 사립문 밖에, 사립문 밖에 누가 왔는가 보다. 사립문 밖에 사립문 앞에 가지 마라, 사립문 밖에 가지 마라.)(광주광역시 광산구)

---

04 서끌뿌리(서까래)

표준어 '서까래'는 마룻대에서 도리 또는 보에 걸쳐 지른 통나무(그 위에 산자를 얹게 된다)를 일컫는데, 광주·전남에서는 주로 '서까레', '써까래(쎄까래)', '서끌', '서끌뿌리' 등으로 부른다.

'서끌', '서끌뿌리'는 어떻게 생겨난 말일까?

먼저 표준어 '서까래'는 중세국어에 '혀(서까래 椽)', 근대국어에 '혓가레(서까래)' 등으로 나온다. 여기에서 보이는 '혀'는 그대로 '서까래'를 말하는데, 대체로 서까래의 형태가 '혀'의 모양을 닮았다고 생각한 데서 나온 말이라 보고 있다.

'혓가래', '혀' 등으로 보아, '서까래'는 '혀까래'가 '혀〉셔'로 구개음화를 겪어 온 모습이다. 아직도 경북 지역에서는 '혓가래'의 형태가 쓰이고 있다. '혓가래〉서까래'처럼 변한 구개음화는 '형님〉성님', '혓바닥〉쎗바닥' 등에서 쉽게 찾아볼 수 있다.

'서까래'는 '혀'에 '가래'가 합성된 말이다. '가래'는 '시렁가래' 등에서 볼 수 있는데, '떡이나 엿 따위를 둥글고 길게 늘여 만든 토막'에서 온 말인 듯하다. '서끌뿌리'는 '서까래〉서깔〉서끌'로 축약된 말에 '뿌리'가 덧붙은 모양이다.

결국 '서끌뿌리'는 '서까래의 뿌리' 즉 '서까래의 가장 끝부분'을 일컫는 말이다. 여기에 줄을 늘여서 곶감이나 호박고지 등을 말리기도 하고, 비나 햇빛을 가리는 차양(遮陽, 햇볕 가리개)을 치기도 한다.

그리고 광주·전남에서는 '추녀'를 '춘세'라고 하는데, '춘세'는 '추녀서까래〉추녀세끌〉춘세'로 줄어든 말로 보인다. '추녀'란 처마의 네 귀에 있는 '큰 서까래', 또는 '서까래 부분의 처마'를 일컫는 말이다.

또 '문에 가로댄 나무'를 '문쎄'라고 하는데 이때의 '쎄'도 '서까래'의 '서'와 같은 의미일 것이다.

현장 구술 담화

"한우는 지붕 끄터리 나무를 <u>서끌뿌리</u>라 그래. <u>서끌뿌리가 있어, 서끌뿌리에다 치양을 해</u>."(한옥은 지붕 끝의 나무를 <u>서끌뿌리</u>라고 해. <u>서까래 뿌리가 있어, 서까래 뿌리에다 차양을 해</u>.)(함평군)

05 지아(기와)

　지붕을 이는 데에 쓰기 위하여 흙을 구워서 만든 덮개를 표준어로 '기와'라고 말하는데, 둥그렇게 위에서 덮는 기와를 '수키와'라고 하고 밑에서 받치는 기와를 '암키와'라고 한다.
　이 '기와'를 광주와 전남 전역에서는 '지와', '지아'라고 한다.
　'지아'의 어원을 살펴보는 일은 흥미롭다.

　중세국어에서는 '기와'를 '디새(석보상절)'라고 했는데, '디새'는 '딜(陶 도자기)+새(草))디새'의 모습으로 '도자기(질그릇)로 만든 풀'인 셈이다. 이 '도자기 풀(질그릇 풀)'은 어색하고 생소한데 그 변천 과정을 알아야 이해가 된다.
　예전에는 지붕을 일 때 '새(띠, 억새 풀)'로 위를 덮었는데 이렇게 '새'로 지붕을 덮은 집을 '새집'이라고 하였다. 그리고 나중에 지금처럼 흙을 구워 만든 기와가 등장하여 지붕을 덮게 되었는데, 당시에는 '기와'를 '디(딜)'이라고 하였다. '디'는 '질그릇'이라는 말이다. 그래서 '기와'가 나오게 되자 '디'가 '새(풀)'의 앞에 자연스럽게 붙어 '디새(질그릇+풀)'가 된 것이다. 그래서 지금의 '기와'를 당시에 '디새'라고 불렀던 것이다.
　그리고 '지와'는 '디새'보다는 후대에 나온 말인데, '딜', '디(질그릇)'에

'기와'를 의미하는 '와(瓦 기와 와)'가 '새' 대신에 붙은 것으로 보아서 대체로 '딜와(딜+와))디와)지와'로 보고 있다. 표준어의 '기와'는 오히려 후대에 과도하게(억지로) 발음을 '지와)기와'로 교정한 것이라 본다. 부연하면 '길(도로))질'로 잘못 표기된 것처럼 '기와)지와'로 잘못 표기된 것으로 착각하고 다시 '기와'로 돌아간 경우이다. '지아'는 '지와)지아'의 단모음화이다.

신안 등지에는 '지아시리'라는 말이 있는데, 이는 '기와와 같은 재료로 만든 시루'를 말한다. '시루' 중에서도 표면에 유약을 칠하지 않아서 지아(기와)처럼 거칠게 느껴지는 시루이다. '지아시리'가 더 비싸다고 한다.

현장 구술 담화

"시리는 껌해, 반들반들해. 근디 이것은 <u>지아</u>로 된 거, <u>지아</u>시리, 옛날에는 <u>지아</u>시리가 더 비싸요."(시루는 까매, 반들반들해. 그런데 이것은 <u>기와</u>로 만든 것, <u>기와</u>시루, 옛날에는 <u>기와</u>시루가 더 비싸요.)(신안군)

06 정제(부엌)

'부엌'을 일컫는 말로 광주와 전남에서는 '정지', '정제'라는 말이 혼재하고 있으며, '정게'도 전남 서부 쪽에서 두루 쓰인다.
'정지'는 무슨 의미로 어디에서 온 말일까?

광주·전남에서 많이 사용하는 '정제', '정지'는 원래 한자어 '정주(鼎솥단지 정, 廚 부엌 주)' 또는 '정주간(鼎廚間)'에서 온 말이다. '정주(鼎廚)〉정지'의 모습을 생각해 볼 수 있는데, ㅜ〉ㅣ 변화는 '마루〉말리', '자루〉자리'처럼 쉽게 볼 수 있기 때문이다.
그리고 '정제'는 '정지'에 처소를 나타내는 조사 '에'가 첨부된 형태로 보인다. 광주·전남에서 '샘(泉)'을 흔히 '새메'라고 하는데, 이 '새메'도 '샘+에'로 '에'가 붙은 것으로 볼 수 있기 때문이다.

그런데 '정지'는 함경도 지방의 가옥 구조에서 볼 수 있는 특수한 공간을 일컫는 말이었다고 한다. 즉 부엌과 안방 사이에 벽이 없이 '부뚜막과 안방이 잇닿은 공간'이었는데 그러한 공간을 말하던 '정지'가 차츰 의미 변화를 겪으면서 '부엌'의 의미로 사용된 것이다.
전국적으로도 '부엌'은 크게 '부엌'과 '정지'형으로 양분되는데 '부엌'

계가 우리나라의 북서쪽을, '정지' 계가 남동쪽에 분포한다.

'정지', '정제'형이 가장 넓게 자리잡고 있는 것을 볼 수 있는데 경상남북도 전역, 강원도 일부, 전라북도 일부에서 '정지'가 분포하고 있고, 전라남도에 '정제'가 펼쳐져 있다. 그 밖에 경기도·충청·강원도·전북의 일부 지역에서는 대체로 '부엌', '벅', '북' 등이다.

참고로 표준어 '부엌'은 원래 '블(火)+ㅅ+억'으로 '불'과 '-억(근처)'이 합성된 단순히 '불의 근처'라는 뜻이었다. 이것은 마치 '부뚜막과 안방 사이의 공간'을 일컫던 '정지(정주 鼎廚)'가 나중에 '부엌'의 의미로 굳어진 것과 같다.

현장 구술 담화

"정제문 보고 또 정제바라지라 그래. 솥단지 걸어놓고 전 지졌제. 납작헌 거 보고는 전이고, 찹쌀가리 갈아 각고 요렇게 고물 넣어 부꾸미떡이라 그래. 싹 퍼지게 물르게 쓴다는 말보다 포로러니 쓴다고 해."(부엌문을 일러 정제바라지라고 해. 솥단지 걸어 놓고 부침개를 부쳤지. 납작한 것 보고는 전이라고 하고, 찹쌀가루 갈아 가지고 이렇게 고물을 넣어 부꾸미 떡이라고 그래. 쫙 퍼지게 무르게 쓴다는 말을 일러 포로러니 쓴다고 해.) (광주광역시 광산구)

07 부떡(부뚜막)

　아궁이 위에 솥을 걸어 놓는 언저리. 흙과 돌을 섞어 쌓아 편평하게 만들어 놓은 것을 표준어로 '부뚜막'이라고 하는데, 광주·전남에서는 '부뚜막', '부수막', '부숭', '부떡', '부뚝' 등 다양하다.
　이 중 '부떡'은 어떻게 생겨난 말일까?

　먼저 '부떡'과 형태가 비슷한 표준어 '부엌'과 '아궁이'를 뜻하는 광주·전남의 '부석(부삭)'의 변화를 먼저 알아보자.

　표준어 '부엌'의 옛말은 중세국어 '브섭', '브석'인데, '부엌'은 원래 앞 항목에서 본 것처럼 '블+ㅅ+억', 즉 '블(火)'과 '억(어귀, 근처)'의 합성어로 '불의 근처'를 말하던 것이 지금의 표준어 '부엌'으로 굳어진 말이다. 광주·전남은 '정지'가 '부엌'을 대신하고 있다.
　그리고 광주·전남의 '부석', '부삭'이란 말은 '부엌'과 같은 말뿌리인 '불+ㅅ+억'이었지만 '부엌'이나 '정지(부엌)'에 밀려 불을 지피는 '아궁이'라는 의미로 변하여 오늘에 이르고 있다.

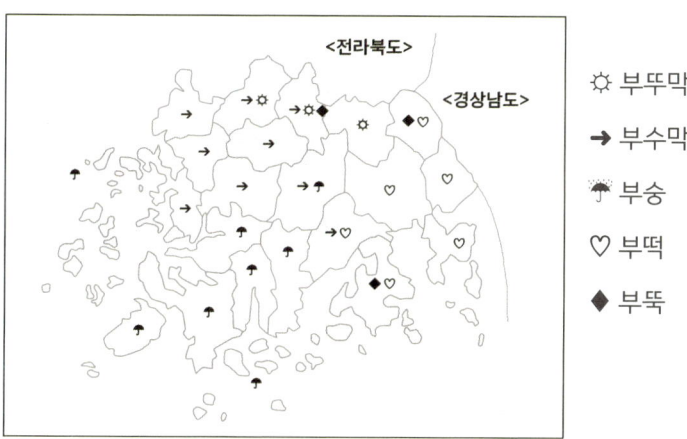

'부석'은 옛말 ㅅ을 그대로 간직한 어형이다.

그러면 '부떡(부뚜막)'은 어떠한가. 역시 '부떡'과 '부석'은 같은 뿌리로, '부떡'은 '불+ㅅ+억(근처)'으로 '불(火)'을 의미하는 '븟', '블'에 '근처'를 의미하는 '억'이 결합한 형태이다.

결국 '정지', '부엌'에 밀려 '부석'은 '아궁이'로, '부떡'은 '부뚜막'으로 의미가 굳어진 것이다. 표준어 '부뚜막'은 불을 밖으로 나오지 못하게 하는 막의 구실 즉 '불의 막(블+의+막)'이다.

── 현장 구술 담화 ──

"부떡 있고, 정지다 글고, 불을 땐 걸 부지작댕이. 불을 작대기 각고 땡개 부지작댕이다 그라제. 부떡이 바로 부삭 옆에를 부떡이라고 해."(부뚜막 있고, <부엌을> 정지라고 하고, 불을 때는 것을 부지깽이. 불을 작대기를 가지고 때니까 부지작댕이라고 하지. 부뚜막은 바로 아궁이 옆을 부떡이라고 해.)(고흥군)

08 치깐(변소)

'변소'를 말하는 광주·전남의 말은 '치깐', '뒷간', '통시', '통새', '벤소', '소맷구덕' 등이었다.

예전의 '변소(치깐)'는 대체로 본채와는 분리된 사랑채나 헛간에 딸려 있었는데, 커다란 항아리를 땅을 파서 묻어 놓고 그 위에 나무판자를 걸치고 대변을 볼 수 있게 하는 방식과 아예 바닥에 볼일을 보고 난 후 그 대변을 재로 덮고 삽(가래)으로 떠서 거름 더미로 던지는 방식이다.

그러면 '치깐'의 어원은 무엇일까?

'치깐'은 '측간(廁 곁 측, 間 사이 간)'이 변한 말인데, 원래 '곁에 있는 칸'이라는 의미로 변소가 집의 본채와 분리되어 본채의 '옆에 두는 칸'으로 생각한 것이다. 모양은 '측간〉칙간'으로 변해 왔다. 변소를 집의 본채와는 분리하여 두고 싶은 사람들의 의식이 이렇게 가옥의 구조에까지 반영된 것이라 보인다. ㅈ, ㅊ 다음에 이어지는 ㅡ가 ㅣ로 전설모음화하는 현상은 '씀벅거리다〉씸벅거리다', '층계〉칭계' 등에서 볼 수 있는 흔한 변화이다.

'뒷간' 역시 대소변과 관련되는 '뒤를 보는 칸', '뒤쪽에 있는 칸'으로 여겨서 만들어진 말로 볼 수 있을 것이다.

'통시', '통새'는 절(寺刹)이 갖추어야 할 7가지 구조 중에 '변소'를 말하는 '측옥(곁에 있는 집, 厠屋)', 혹은 '해우소(걱정거리를 해소하는 곳, 解憂所)'에 해당하는 '동사(東司)'에 근원을 두고 있다는 설이 유력하다.

'화장실'을 보면 그 나라의 문화 수준을 짐작할 수 있다고 한다. 그러나 지난 시절 허술했던 우리 농촌의 '치깐'을 두고 무어라 쉽게 평가를 할 수는 없을 것이다. 지금도 후진국 여러 나라의 농촌에는 '치깐'조차 아예 갖추지 못한 곳이 수없이 많다.

---- 현장 구술 담화 ----

"그러지요, 전부 밖에 가 있죠. 촌떼기 말로 합수통, 합수통, 똥통이 있는 치깐, 무조건 치깐이다 했어요. 여그 저, 집 조그맣게 집 지어 갖고 똥통 만들고 다 그랬죠."(그렇지요, 전부 밖에 가 있죠. 촌스런 말로 분뇨통, 분뇨통, 똥통이 있는 변소를 무조건 치깐이라고 했어요. 여기 저, 집을 조그마하게 지어서 똥통을 만들고 다 그랬죠.)(영암군)

09 여물청(여물간)

'마소를 먹이기 위하여 말려서 썬 짚이나 마른풀'을 '여물'이라고 하는데, 이 '여물을 넣어 두는 헛간'을 의미하는 표준어 '여물간'을 광주와 전남에서는 대체로 '여물청', '여물간[여물깐]'이라고 한다.

'여물청'은 어떻게 만들어진 말일까?

'여물청'은 소의 먹이를 말하는 '여물'에 '청'이 붙은 말인데, '청'은 '대청(大廳)', '관청' 등에서 볼 수 있다. '대청'은 '방과 방 사이의 마루'인데, '청'은 이러한 '마루'나 하나의 '건물'을 뜻한다.

이 '마루', '건물'을 말하던 '청(廳)'이 차츰 '마굿간'이나 '허드레 물건을 넣어 두는 곳'이라는 의미로 사용됐다. 광주·전남에서는 '소의 우리'를 '소마구', '마굿간'이라고도 하지만, '소청', '마구청', '돼지우리'를 '되아지울청', '헛간'을 '허청'이라고 한다.

서부의 '여물청'을 동부에서는 '여물간'이라고 하는데, 이것은 '외양간'을 서부에서 '허청', 동부에서 '헛간'이라고 하는 것과 같다.

이 '여물청'에는 주로 소가 겨우내 먹어야 할 고구마 대나 짚, 여름에 베어 말린 풀 등을 쟁여 놓는다.

순천, 광양 등에서는 '여물'을 '쇠물'이라고 한다. 아마 '소여물'이 줄어든 말일 것이다. '소'를 '쇠'라고 많이 하기 때문이다.

현장 구술 담화

"짝두 있잖아요, 소여물 썰어서 겨울에는 꽁깍지, 돔부껍닥, 서숙대, 짜끌대, 고구마 순, 짚, 소여물 나둔 데를 보고 여물청, 거다 갖다 놓고 새복이면 불 때, 소죽 디어서 뜨뜻하게 그람서 겨울 잘 믹인 소, 여물은 여물청에 다 됐어."(작두가 있잖아요, 소여물을 썰어서 겨울에는 콩깍지, 동부껍질, 수숫대, 짜끌대, 고구마 대, 짚, 소여물을 놔 두는 데를 일러 여물청, 거기다 갖다 놓고 새벽이면 불을 때, 소죽을 데어서 따뜻하게 그러면서 겨울을 잘 먹인 소, 여물은 여물간에 다 두었어.)(신안군)

10 장꽝(장독대)

장독 따위를 놓아두려고 부엌 어귀에 돌을 받치거나 해서 좀 높직하게 만들어 놓은 곳을 말하는 표준어 '장독대'를 광주·전남에서는 '장깡', '장꽝', '장꼬방', '장끄방'이라고 한다.

'장꽝', '장꼬방'은 어디에서 온 말일까?

지도에서 보듯 서부에서 동부로 갈수록 '장깡-장꽝[장:꽝]-장꼬(꾸)방-장끄방'의 순서대로 분포하는 모습을 볼 수 있다.

'장꼬방(장고방)'이라는 말은 원래 '장+고방'이었다. '고방(庫房)'은 나중에 '고방〉고왕〉고왕〉광'이 된 말이다. '광(庫房, 고방)'은 세간살이를 넣어 두는 곳을 의미한다.

그래서 '장고방'은 첫째는 '장고방〉장꼬방'이 되었고, 또 다른 하나는 '장고방〉장고왕〉장꽝〉장깡'으로 두 갈래의 변화를 거쳐 오늘에 이르렀을 것이다.

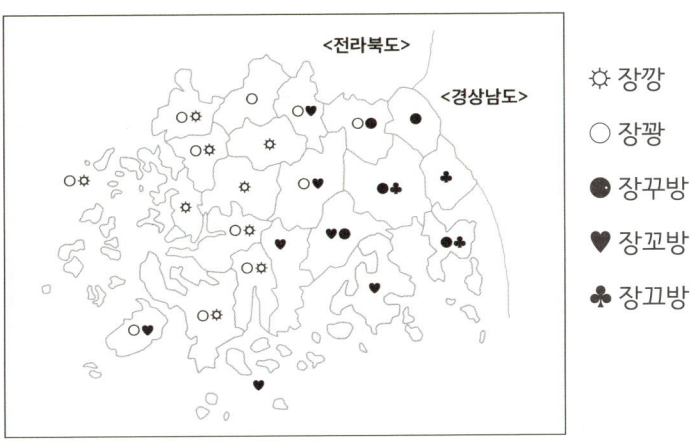

'장꼬(꾸)방', '장꽝'은 바로 '장을 보관하는 고방(庫房 광)'을 일컫는 말이다.

이러한 언어의 변화상을 보면 옛사람들의 생활상도 짐작해 볼 수 있는데, 지금은 장(醬)을 주로 '장독대'에 보관을 하고 있으나 옛날에는 장을 '광'에다 보관했다는 점을 짐작할 수 있게 된다. 그만큼 장을 아주 소중하게 생각했다는 증거로 보인다.

현장 구술 담화

"아, 장꽝이라 그래요. 장꽝이 되안마당에 있어. 장꽝에 가서 장 좀 떠온나."(장꽝이라 그래요. 장독대가 뒤뜰에 있어. 장독대에 가서 장 좀 떠오너라.)(영광군)

제3장 가옥과 구조물

11 짝두새암(펌프 샘)

　표준국어대사전에는 '펌프'를 '수도 시설이 없는 곳에서 사람이 손잡이를 상하로 되풀이하여 움직임으로써 그 압력에 의하여 땅속에 수직으로 박혀 있는 관을 통하여 지하수가 땅 위로 나오도록 하는 기구'라고 올라 있다.

　광주·전남에서는 이 '펌프'를 '짝두새암', '자새시암', '뽐뿌시암' 이라고 한다. 그 밖에도 많은 변이형이 있지만 대체로 '짝두~'형과 '자새~'형, '뽐뿌~'형으로 구분된다,

　'짝두새암', '자새시암', '뽐뿌시암' 등은 어떻게 생겨난 말일까?

　'짝두~'형은 손잡이를 잡고 물을 푸는 모습을 마치 마소의 먹이인 짚을 써는 도구인 '작두'로 '작두질'을 하는 행위에 빗대어 붙인 이름이다. '짝두~'는 경음화의 모습이다.

　'자새~'형은 물을 '잣다'에서 나온 말로 물을 퍼 올린다는 의미이다. 중세국어에서 '믈자쇄(훈몽자회)'라는 말이 나오는데, 이는 '믈(물)+잣+애'로 물을 품어 올리는 기구를 말한다. 그래서 '자새'는 '자쇄'를 그대로 이어받은 말이다. 표준어는 '무자위'인데 '믈자쇄〉무자애〉무자위'로 변

해 온 것을 알 수 있다. 표준국어대사전에는 '무자위'를 '물을 높은 곳으로 퍼 올리는 기계'라고 풀이하고 있다. 그래서 '자새시암'은 '물을 품어 올리는 샘'이라는 뜻이다.

'뽐뿌~'형은 물을 품어 올리는 영어 'pump(펌프)'를 말한다. 여기에 '시암'이 붙어 '뽐뿌시암'이 된 것이다.

이 밖에도 샘 중에서 '바가지'로 물을 떠 담는 샘을 '바가치샘', '쪽박새암(시암)[쪽:박시암]', '쪽박샘' 등으로 부른다. '바가지'를 광주·전남에서는 '바가치'라고도 하지만, '쪽박[쪽박, 쪽:박]'이라고 부르기 때문이다. '쪽박'의 '쪽'은 '작다'는 의미로 볼 수도 있고, '쪽'을 두 쪽으로 나눌 때 '쪼개진 한쪽 편'을 말할 수도 있다. '쪽박새암'은 그냥 바가지로 물을 뜨는 샘이다.

현장 구술 담화

"두 손으로 눌러서 퍼 올리잖아요. 글련에 나왔어, <u>짝두새암</u>. 서울 같은 데도 <u>짝두새암</u> 있었어. <u>짝두새암</u>이라 그래."(두 손으로 눌러서 퍼 올리잖아요. 최근<근년>에 나온 것이어, <u>펌프샘</u>. 서울 같은 데도 <u>펌프샘</u>이 있었어. <u>짝두새암</u>이라고 해.)(영광군)

12 베랑박(벽)

'방과 방 사이의 벽', '방의 벽'을 표준어로 '바람벽'이라고 한다. 이에 대응하는 광주·전남의 말은 '베랑박', '베름빡', '비랑박', '벡짝' 등 다양하다.

'베랑박', '베름박'은 어디에서 온 말일까?

표준어 '바람벽'은 '바람(벽)+벽'으로 '벽'이란 뜻이 두 번 겹친 말이다. 공교롭게도 중세국어에서는 '바람(風)'과 '벽(壁, 칸막이)'을 모두 'ᄇᆞ룸(바람)'이라고 불렀다. 즉 '바람(風)=바람풍', '벽(壁)=바람벽'이었다. 이처럼 혼동이 되는 동음이의어 '바람'이라는 말이 '부는 바람'과 '칸막이벽'이라는 두 가지 뜻이 있으니, '칸막이벽'에는 한자어 '벽(壁)'자를 덧붙여 '바람벽'이라고 한 것이다. '바람(風)이 분다', '바람벽(壁)이 높다' 라는 식으로 표현을 했다.

그래서 '부는 바람(風)'은 그대로 'ᄇᆞ룸(바람)'으로 남고 '벽(壁)'은 'ᄇᆞ룸벽(바람벽)'이라 부르다 오늘날의 '바람벽'이 된다.

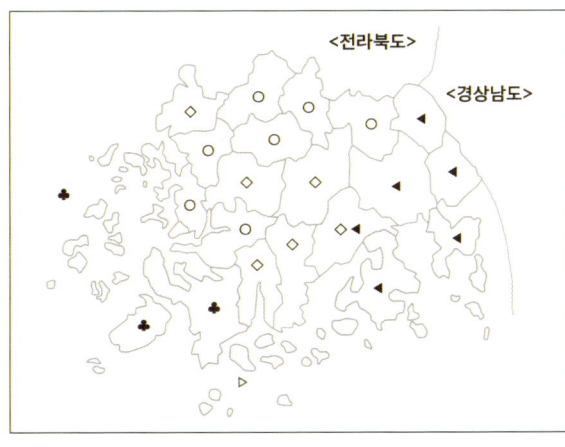

이 '바람벽'은 후에 주로 '방과 방 사이의 칸막이벽'을 지칭하는 말로 쓰이면서 광주·전남에서는 위의 여러 형태로 변화되었다.

위의 지도에서 보듯이 광주·전남에서 그 변이형이 다양함을 알 수 있는데 '베람박', '베랑박'은 '바람벽〉베람박〉베랑박'의 과정을 겪은 것이다. '벡짱', '벡짝'은 '벽+장', '벽+작'으로서 한자어 '벽(壁)'이 한 번만 담겨 있으니 '바람(壁=벽)+벽(壁)'으로 '벽(壁)'이 2번 중첩된 '베람박', '베랑박' 등과는 차이가 있다.

현장 구술 담화

"베랑박, 베랑박에 바르는 것을 데벡지라 글고, 문에 바르는 것을 벡지라 개. 벡지라고도 허고, 문종우라고도 허고."(벽, 벽에 바르는 것을 데벡지라 그러고, 문에 바르는 것을 벡지라고 해. 벡지<벽지>라고도 하고, 문종우<문종이>라고도 하고.)(함평군)

13 실경(시렁)

　물건을 얹어 놓기 위하여 방이나 마루 벽에 두 개의 긴 나무를 가로질러 놓은 것을 표준어로 '시렁'이라고 하고, 통나무 대신 널빤지를 받쳐 놓은 것을 '선반'이라고 한다.
　판자로 받치는 '선반'은 표준어와 같지만, '시렁'을 광주와 전남 서부에서는 '시렁'이라고 하고, 동부에서는 '실경'이라고 한다.
　'실경'과 '선반'은 어디에서 온 말일까?

　먼저 '선반'은 '판자를 매달아 받쳐 놓은 것'이라는 한자어 '현반(懸盤)'이 '선반'으로 변한 말이다. '형님〉성님'이 된 것과 같다.

　그리고 '실경'은 '싣다(載)'에서 온 것으로 보인다. 광주·전남에서는 '싣고' 가는 것을 물건을 '실고' 간다고 말하는 것을 보아도 이를 짐작할 수 있다. 그래서 '실엉(실+엉)〉시렁〉실경'이 된 것이다. '실경'의 옛말도 '실에(15c)', '시렁(16c)'이었다. '시렁〉실경'처럼 변화를 보인 말은 광주·전남에서 '어레빗〉얼게빗' 등에서도 찾아볼 수 있다.

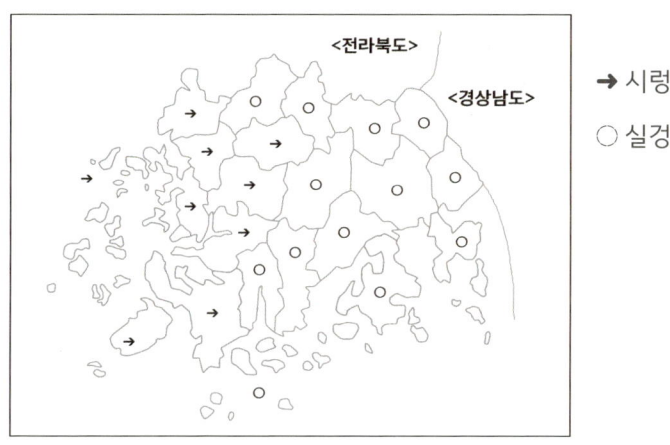

이처럼 물건을 얹어 두는 곳인 '실경'은 두 개의 대나무나 통나무로 되어 있어 그 위에 바구니나 고리짝 등의 비교적 큰 물건을 얹어 놓을 수 있는 반면에 판자로 된 '선반'에는 작은 것도 얹을 수 있다는 차이가 있다.

'선반', '실경' 말고도 부엌에 대나무를 엮어 그릇을 얹어 놓는 곳을 일러 '살강(사랑)'이라고 하였다.

─── 현장 구술 담화 ───

"실경, 실경은 가리 놓고 바구리 엉꼬, 실경 우게다가 얹어. 반짇그럭도 엉꼬, 떡 바구리도 엉고 그래. 대를 두 개를 대서 맨들아. 난중에 선반을 만들았제."(시렁, 시렁은 <통나무>가래를 놓고 바구니를 얹고, 시렁 위에다가 얹어. 바느질고리도 얹고, 떡 바구니도 얹고 그래. 대를 두 개를 가로질러 만들어. 나중에 선반을 만들었지.)(구례군)

04 의복과 생활용품

이 장에서는 '의복'과 이와 관련되는
'쓰고 신는 것', '의복을 만드는 도구'와 '가사에
쓰이는 도구' 등에 대하여 살펴볼까 한다.
불과 한 세대 전까지만 해도 우리의 할머니, 어머니들은
손수 실을 만들고 자아서 옷을 지어 입었다. 이제는
지구상 어디에 가도 처음부터 손으로 옷을 만들어서
입는 민족은 없다.

밍베치매　꼬깔모자　접보신　개아찜
사채기　　꼼마리　　가새　　대래비
반짇그럭　서답방맹이　빼다간

01 밍베치매(무명치마)

　예전에 일반 서민들은 남자는 위에 '저고리'를 입고, 아래는 '잠방이', '고의(중의)'를 입었으며, 여자들은 위에는 '저고리', '적삼'을 입고, 아래는 '치마'를 입었다고 한다.

　특히 여자들이 입던 치마를 광주·전남에서는 대체로 '밍베치매'라고 하였으며, 여름에 입는 치마는 '삼베치매'라고 불렀다.

　'밍베치매'는 어떻게 만들어진 말일까?

　'밍베치매'는 '밍베+치매'로 이루어진 말이니, 먼저 '밍베'에 대해 알아보자. 광주·전남에서는 '목화'를 '밍', '미영'이라고 한다. '밍'은 '미영'의 준말이다.

　'미영'은 표준어 '무명'을 말한다. '미영'은 '목화'를 말하는 '무명'의 변이음이다. '무명'은 '목면(木棉)'의 당시 중국 음이 [무면]과 비슷하였다. 그래서 '무명(木棉 무면)'은 엄밀히 말하면 중국 한자음이다. '나무의 면'이라는 뜻인데, '무면〉무명'이 된 것이다. 또 이 '무명'이 음운변화를 거쳐 '무명〉미영〉밍'으로 변해왔다. '밍베치매'는 바로 이 '밍'애 '베(布)'와 '치매(치마)'가 합성된 말이다.

　'미영쑹어리(목화송이)'를 따다가 '씨아'라는 도구로 목화송이의 씨를 빼고 솜을 만든 후, 이 솜으로 실을 뽑아낼 수 있도록 '고추'를 만들고 이를 물레에 돌려서 옷을 짜는 재료인 밍실(무명실)을 만들었다. 이것으로 만든 옷이 백의민족인 우리 한민족의 하얀 무명옷인 '밍베치매', '밍베저구리', '밍베옷'이 된 것이다.

저고리는 하얀색으로, 치마는 대체로 검정색으로 물을 들여 입었다. 더운 여름에는 무명 대신에 삼베로 만들었다는 것만 차이가 있을 뿐, '삼베적삼', '삼베치매'라고 하였다. 물론 부잣집에서는 고운 모시로 만든 '모시저구리', '모시적삼'도 입었다.

인류가 생존하는 데 필수불가결한 옷을 만드는 기나긴 여정, 불과 한 세대만에 우리는 혁명적인 변화를 겪었다.

위에서처럼 소중하게 얻은 밍실에 풀을 먹이고 곁불에 말라가며 견고한 실을 만들고, 침식을 잊은 채 베틀과 함께 방적기계가 되어 베를 짜고, 하얀 밍베옷을 자손들에게 입히기까지의 정교하고, 무한의 인내와 지혜를 필요로 하는 그 모든 것을 우리는 헌신짝처럼 던져 버린 것이다.

현장 구술 담화

"여름에는 삼베치매를 입고 겨울에는 밍베치매를 입어. 밍을 밍가락 날아서 맨들아. 꺼멍물 딜에서, 띠빵을 양쪽에다 뭉꺼. 그때는 겨울에도 속에 내복도 안 입었어."(여름에는 삼베치마를 입고 겨울에는 무명치마를 입어. 무명 가락을 날아서 만들어. 검정물을 들여서, 멜빵을 양쪽에다 묶어. 그때는 겨울에도 안에 내의도 안 입었어.)(여수시)

02 꼬깔모자(고깔모자)

　승려나 무당 또는 농악대들이 머리에 쓰는 삿갓처럼 끝이 뾰족하고 그 위에 꽃이 달린 모자를 표준어로 '고깔', '고깔모자'라고 한다. 광주·전남의 '꼬깔모자'는 바로 '고깔모자'가 경음화 모습이다.
　'꼬깔모자'는 어디에서 온 말일까?

　먼저 '꼬깔'과 관련된 옛말을 보면 중세국어에 '곳갈(고깔모자)'이 보인다. '꼬깔모자[꼬:깔모자]'의 '꼬깔'은 원래 '곳+갈'이었음을 알 수 있다.
　그런데 이 '곳갈'의 '곳'은 '송곳(솔+ㄴ+곳)'의 '곳(錐, 串)'과 같은 말로서 '뾰족한 것'을 의미한다. 그리고 '갈'은 '갓(머리에 쓰는 삿갓)'과 같이 '갇', '갓(冠)'에서 ㅅ(ㄷ)-ㄹ 교체를 보인 것으로 결국 '곳갈(고깔)'은 '윗부분이 뾰족한 갓'을 뜻하는 말이다.
　광주·전남의 '꽃감(곳+감)'이나 '고더름(곳+어름)' 등도 '고깔'과 같은 '뾰족한' 또는 '뾰족한 곳에 꽂은'을 의미하는 '곳'에서 나온 말이다. '꼬깔모자'의 '꼿(곳)'을 '꽃(花)'으로 보는 견해도 있다.
　그런데 이 '고깔모자'는 위에 빨갛고 노란 꽃이 달린 예쁜 모양으로 치장을 하고 있어서, 나중에 '꼬깔모자'의 '꼬깔'의 의미는 '꼬깔옷(꼬까옷)', '꼬깔신(꼬까신)' 등에도 인용되어 "나는 엄마가 꼬까옷이랑 꼬까신 사줬다."라는 문장에서와같이 '예쁜 옷', '예쁜 신'을 가리키는 뜻으로 변화를 겪게 된다.

현장 구술 담화

"꼬깔모자, 방울 달린 거 인자 모자, 추울 때 쓰제 어따 써. 옛날에는 걸궁 친 사람들이 꼬깔모자 쓰제, 걸궁 친 사람들 이뿐 거 보다가 꼬깔모자라 그래. 걸궁, 아, 동네 사람들이 보름 대면 깽매기치고 걸궁 친다고."(고깔모자, 방울 달린 것 이제 모자, 추울 때 쓰지 어디다 써. 옛날에는 농악을 하는 사람들이 고깔모자를 쓰지. 농악을 하는 사람들의 예쁜 것을 보고 꼬깔모자라 그래. 농악, 아, 동네 사람들이 보름 되면 꽹과리를 치고 농악을 한다고.)(광주광역시 광산구)

03 접보신(겹버선)

하얀 베로 발 모양과 비슷하게 양말과 같이 신는 것을 표준어로 '버선'이라고 하는데, 광주·전남에서는 '보신'이라고 하고, 베를 두 겹으로 만든 것을 '접보신', '덕보신', '덧보신'이라고 한다.

'접보신'은 어디에서 온 말일까?

먼저 '버선'의 옛말을 살펴보면 중세국어에 '보션'(襪 버선 말)이란 말이 나온다. 이 '보션'의 어원을 '보(布 베 포)'로 보는 견해가 있는데, '보션'은 바로 '베로 만든 신'을 의미할 것이다.

이 '보션'이 그대로 광주·전남에서 '보신'이 되었다고 볼 수 있다. 다만 '보션〉보선〉보신'으로 변할 때, '선〉신'의 변화는 음운변화라기보다는 '신발'의 '신(신고 다닌다)'에 이끌린듯하다. 광주·전남의 '보신'은 '버선'의 고어(古語)라고 보면 될 것 같다.

'접보신'은 베가 '두 겹'으로 만들어졌다는 의미에서 '겹보선'이라고 한 것인데, '겹보선〉접보신'으로 구개음화가 된 모습이다.

버선은 재봉방법에 따라 '홑버선', '겹버선', '솜버선', '누비버선', '타래버선' 등으로 구분된다. '홑버선'은 홑으로 만든 것으로 속에 신은 버선의 더러움을 막기 위하여 덧신는 버선이다. '겹버선'은 솜을 두지 않고 겹으로 만든 버선이고, '솜버선'은 겹으로 만든 버선의 수눅 양쪽에 솜을 고루 두어서 만드는데, 방한(防寒)과 맵시 두 가지를 고려한 버선이다. 그리고 '누비버선'은 솜을 두고 누벼서 만든 것으로 겨울에 방한용으로 신는 버선이고, '타래버선'은 어린이용으로 예쁘게 안에 솜을 두어 누빈 뒤에 색실로 수를 놓고 발목 뒤에 끈을 달아 앞으로 맬 수 있도록 하였다.

그리고 표준어 '양말(洋襪)'은 한자어인데, '양(洋)+말(襪)'로 '서양(西洋)의 버선(襪, 버선 말)'을 의미한다. 광주·전남에서는 '양말'을 '양발'이라고 한다. '양발'도 '신발'처럼 '발(足)'에 유추된 듯하다.

예전에는 양말을 무명실로 어머니나 누나가 손수 짜 주었다. 무명실 양말은 금방 구멍이 나기 일쑤였는데, 나중에 '나이롱양발(나일론 양말)'이 나와서 오래오래 신을 수 있게 되어 최고의 선물이 되었다. 그러나 이제는 땀이 차고 미끄러운 그 '나이롱양발'은 사라지고 좋은 면양말이 넘쳐난다.

현장 구술 담화

"그래서 보신 신고 접보신도 신고, 여자들이 신고 댕엤제. 글 안허먼 나모께 신고 댕엤제, 나목신."(그래서 버선 신고 겹버선도 신고, 여자들이 신고 다녔지. 그렇지 않을 때는 나막신을 신고 다녔지, 나막신.)(곡성군)

04 개아찜(호주머니)

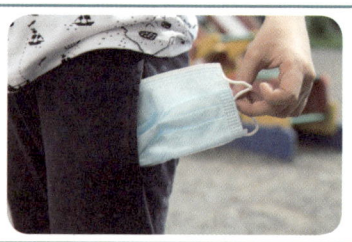

표준어 '호주머니'에 대응하는 광주·전남의 말은 '개아찜', '개와침(춤)', '개침(춤)', '괴앗주머니', '괴아침(찜)' '괴아(개와)', '개와쭈미', '게와찌매', '기아침', '개비', '호랑' 등 수없이 많다.

'개비'나 '호랑' 등을 제외하면 대체로는 '개와~', 괴아~'의 변이형임을 알 수 있다.

'개아찜'은 어디에서 온 말일까?

우선 표준어 '호주머니'를 보자. 이 말은 '중국(胡)에서 들어온 주머니'라는 뜻이다. '호(중국, 胡)+주머니'인데 '호'는 '중국'을 말한다. '호박', '호떡' 등에서 볼 수 있는 '중국 오랑캐(청나라)'를 뜻하는 '호(胡)'인 것이다.

같은 말 광주·전남의 '호랑'은 역시 '호주머니'와 같은 의미인 한자어 '호랑(胡囊)'이다. 중국에서 전해 온 옷의 주머니를 의미한다.(胡 오랑캐 호, 囊 주머니 랑)

그런데 '개아찜'은 원래 '개화주머니'에서 나온 말이다. '개화(開化)+주머니'가 변한 말인데, 원래 한복에는 '주머니'가 지금처럼 옷에 달린 것이 아니라 따로 차고 다녔다. 거기에 돈이나 물건을 넣고 허리에 차고 다녔는데, 조선 말 '개화기'에 양복에다 '주머니'를 직접 달았다고 해서 이를 '개화주머니'라고 불렀다. 그래서 '개화'와 '주머니'가 합한 합성어로서 '개화주머니〉개화줌〉개와찜'으로 변한 말이다.

'개와찜'을 '고의(袴衣 남자의 바지)+춤'이 변한 말이라고 보는 견해도 있기는 하다. 그리고 '개와춤', '개춤'에서 보이는 '춤'은 '허리춤'의 '춤'에 이끌린 것으로 '개화'와 '춤'이 합하여 '개화춤'이 만들어진 것이라고 볼 수도 있다.

'개비'는 좀 다르다. '개비'는 물건을 담는 '그릇이나 상자'를 의미하는 '갑(匣)'이 변한 말로 '가비(갑이)〉개비'로 변화한 것인데 '갑이'는 '갑처럼 생긴 집'이라 하여 일컫는 말이다.

현장 구술 담화

"개아주마니 <u>개아찜</u>이라 그랬어. <u>개아찜</u>이다 내가 종우때기다가 머 싸서 여 났응께 잘 찾아봐라 그랬제. 나중에 호랑이란 사람도 있었고."(호주머니를 <u>개아찜</u>이라고 했어. <u>호주머니</u>에다 내가 종이에 뭐가 싸서 넣어 놨으니 잘 찾아보라고 했지. 나중에 호랑이라고 부르는 사람도 있었고.)(영암군)

05 사채기(기저귀)

어린아이의 똥오줌을 받아 내기 위하여 다리 사이에 채우는 천이나 베를 표준어로 '기저귀'라 하는데, 광주와 전남에서는 대체로 '사채기', '사찌기', '삭걸레', '지저구'라고 한다.

먼저 표준어 '기저귀'는 '깆(옷, 천)'과 접미사 '-어귀'가 합해진 말이고, '지저구'는 '기저귀>기저구>지저구'로 볼 수 있다.

'기저귀'의 옛말은 '샃깃'이었다. '샃'은 '사이(間)'를, '깃'은 '천'을 말하므로 '사채기'는 '샃(가랑이 사이)'에 '채기(채우는 것)'가 합성된 말이다. 또 '삭걸레'는 '샃걸레>삭걸레'로 변한 말이다.

이와 같은 '샃(사이)'과 관련된 말은 '새끼'인데, '새끼'의 옛말은 '샃기'였다. '샃기>새끼'로 '샃(두 다리 사이)에서 얻은 아이'이다.

현장 구술 담화

"사채기라고 애기들 사태기에다 채 준다고. 사태기에 사채기를 채라 그 말이여."(사채기라고 아이들 사타구니에다 채워 준다고. 사타구니에 기저귀를 채워라 그 말이여.)(영광군)

06 꼼마리(허리춤)

'고의나 바지의 허리를 접어서 여민 사이'를 표준어에서 '고의춤', '괴춤'이라고 하는데, 이를 광주·전남에서는 '꼼마리', '꼴마리', '곰말' 등으로 불렀다.

'꼼마리'는 어떻게 생겨난 말일까?

이 '꼼마리'는 남자의 여름 홑바지'를 말하는 '고의(袴衣)'에 '마리(머리)'가 붙은 합성어인 '고의마리'가 '고의마리〉곰마리〉꼼마리'처럼 줄어들어서 생긴 말이다. '꼴마리', '곰말'도 마찬가지로 이의 변이형이다.

그래서 '고의마리'는 '고의의 마리(머리)'로 '바지의 가장 윗부분'을 뜻한다. '머리-마리'처럼 ㅓ-ㅏ가 넘나드는 일은 '넘다(越)-남다(餘)', '설(해, 명절)-살(나이)'에서도 볼 수 있다.

옷에 호주머니가 없거나 헤져서 구멍이 난 경우 소중한 것을 '꼼마리', '곰말'에 넣고 다녔던 기억이 있다.

현장 구술 담화

"니 <u>꼼마리</u> 내론다. <u>꼼마리</u> 좀 끄 올리라. 거그다 머 꼼체 논 거이구마."(네 <u>허리춤</u>이 내려온다. <u>허리춤</u> 좀 끌어 올려라. 거기다 머 감추어 논 것이구먼.)(강진군)

07 가새(가위)

표준어 '가위'는 광주를 포함한 전남 서부 대부분이 '가새'라 하는데, 동부에서는 '가시개', '까시개'라고 한다.
'가새'는 어디에서 온 말일까?

먼저 옛 문헌에 나타난 '가위'로는 중세국어에 'ᄀᅀᆡ', 'ᄀᆞᅀᅢ(가위)'가 보이고, 또 이와 관련된 표현을 살펴보면 'ᄀᆞᆺ다', 'ᄀᆞᆽ다'(자르다, 切) 등이 있다. 이로 보아 'ᄀᅀᆡ', 'ᄀᆞᅀᅢ'(가위)는 'ᄀᆞᆺ다', 'ᄀᆞᆽ다', 즉 '물건을 자르다(割)', '끊다(切)'에 뿌리를 두고 있는 말임을 알 수 있다.

그래서 전남 서부의 '가새'는 '갓(割, 자르다)+애(접미사)'이고, 동부의 '가시개'는 'ᄀᆞᆺ(자르다)+이(사동접미사)+개(접미사)'라고 볼 수 있을 것이다. 즉 '물건을 자르는 도구'를 말하는 것이다.

광주·전남에서 '-애', '-개'가 붙은 말은 '홀태(훑+애, 탈곡기)', '당글개(고무래)' 등에서도 볼 수 있다.

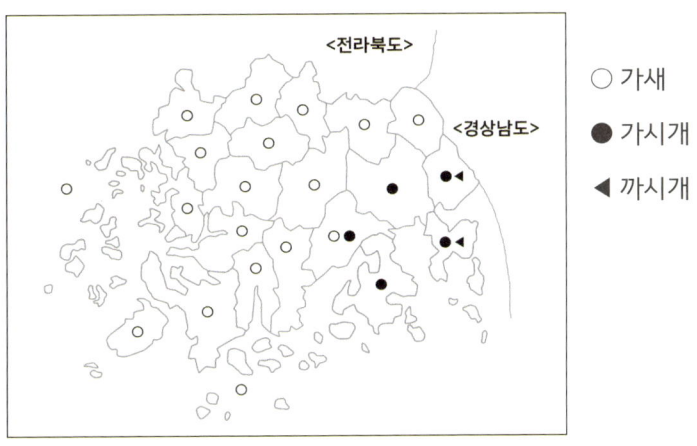

　표준어 '가위'와는 달리 '가새', '가시개'는 지금도 고스란히 ㅿ을 유지한 고어 형태임을 알 수 있다. 그런데 틀린 것을 나타내는 'x'의 이름을 표준어로 '가새표'라고 하는데, 여기에는 표준어이면서도 고형 'ㄱ새'의 ㅿ, ㅅ을 유지하고 있는 점이 흥미롭다.

　지역 화자에 따라서 '각개표', '각개수' 등의 말을 사용하는 사람이 있으나 '각개-'는 '곱하다'를 말하는 일본어 'かける(가께루)'에서 온 말이라고 한다. 일본어의 잔재인 순화 대상이다.

현장 구술 담화

"옷이 솔찮이 찢어져 부렀는디, 헌 누데기옷 성헌 디를 <u>가새</u>로 짤라각고 주매 논께 입을만 허드만. <u>가새</u>로 짤르지."(옷이 상당히 찢어져 버렸는데, 헌 누더기의 성한 곳을 <u>가위</u>로 잘라서 꿰매 놓으니 입을만 하더구먼. <u>가위</u>로 자르지.)(영암군)

08 대리비(다리미)

옷이나 천 따위의 주름이나 구김을 펴고 줄을 세우는 데 쓰는 도구인 '다리미'는 광주를 포함한 전남 서부의 '대루'와 동부의 '대리비(대래미)'로 확연하게 양분되어 분포하고 있다.

'대리비', '대레비'는 어디에서 온 말일까?

우선 표준어 '다리미'의 가장 오랜 모습은 고려 시대(13c) 문헌에 '多里甫里(향약구급방)'를 볼 수 있는데, 이는 [다리보리]로 읽혔으리라 짐작된다. 그 후 '다리우리', '다리오리' 등이 나오는데 전남 동부의 '대리비(대래비)'는 고려 시대의 '다리보리(多里甫里)'를 이어받은 것으로 보인다. 그렇다면 '대리비'는 '다리미'의 가장 오랜 고어라고 볼 수 있을 것이다.

표준어 '다리미'는 옷을 '다리다'에서 '다리+ㅁ+이'의 모습으로 볼 수 있으며, '다리는 물건'을 이르는 말이다.

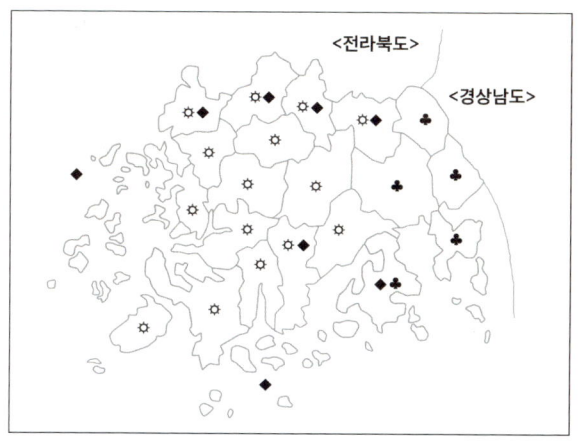

　그리고 전남 서부의 '대루'는 전국적 분포를 보더라도 이 지역에서만 나타나는 특이한 어형이다. 또 '대루'와 '대리비' 사이에 산재하는 '대리미'는 '다리미'의 변이형이다.

　예전에 위의 뚜껑이 없는 다리미로 옷을 다릴 때는 달구어진 숯을 담아서 조심스레 옷을 다렸다. 하얀 모시옷을 다릴 때 두 사람이 양쪽에서 팽팽하게 잡아당기며 불똥이 튀지 않도록 조심스럽게 다려야 하는데, 이때 옷 다리는 일을 도와주는 아이의 이마에는 땀이 흐를 정도의 긴장감이 한동안 이어지는 진풍경을 연출한다.

현장 구술 담화

"대리비로 옷 좀 잘 대라라. 대리비가 산 거이 잘못댔는가 잘 안 대래지더라."(다리미로 옷 좀 잘 다려라. 다리미를 산 것이 잘못되었는지 잘 안 다려지더라.)(광양시)

제4장 의복과 생활용품　121

09 반짇그럭(반짇고리)

바늘, 실, 골무, 헝겊 따위의 바느질 도구를 담는 그릇을 표준어로 '반짇고리', '바느질고리'라고 하는데, 전남의 서부에서는 '바늘상지(주)', '발상지', '상지', '일끌짝'이라고 하고 동부에서는 '반짇그럭'이라고 한다. '반짇그럭'는 어떻게 만들어진 말일까?

먼저 '바늘상지'는 '바느질상자'가 줄어들어 '바느질상자〉바늘상자〉바늘상지'로 축약, 탈락을 거친 모습이다. '상자〉상지'의 변화는 광주·전남에서 '창자〉창시(臟)', '판자〉널빤지(板子)' 등에서 볼 수 있는 것과 같다. 또 이것을 '바늘'과 '상자'가 합하여진 말로, '바늘상자(바늘+상자)〉바늘상지'와 같이 볼 수 있다.

'반짇그럭'은 '바느질'에 '그릇'이 합성된 말이다. '바느질'이 줄어들어 '반짇'이 되고, '그럭(그릇)'이 합해진 것이다. '질〉짇'처럼 ㄹ〉ㄷ의 변화는 '이틀날〉이튿날', '술가락〉숟가락'과 같다.

그리고 '반짇고리' 중 '접반짇그럭'이라는 것이 있었다고 한다.

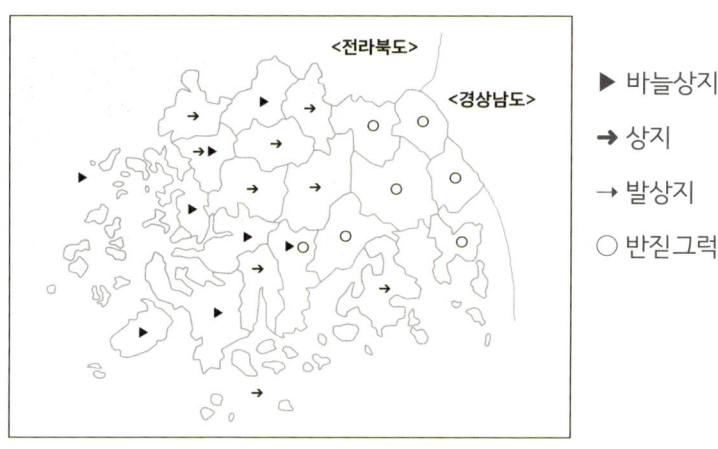

'접반짇그럭'은 반짇고리 안쪽에다 천을 한 번 더 대어서 만든 '겹으로 된 바느질그릇'을 일컫는 말인데, '겹〉접'으로 변해 온 것을 알 수 있다.

우리 할머니, 어머니들의 애환이 서린 '반짇그럭', '바늘상지', '일끌짝'은 광주·전남 지역 어디를 가든지 위의 사진과 같이 거의 흡사하게 생긴 것을 볼 수 있었다.

현장 구술 담화

"반짇그럭, 접반짇그럭은 죽석을 만들아서 바구리 안에다 안을 여요. 안 연 것은 홑반짇그럭. 부자는 접반짇그럭, 가난한 사람은 홑반짇그럭을 해서 보내요."(반짇고리, 겹반짇고리는 죽석을 만들어서 바구니 안에다 속을 넣어요. 안 넣은 것은 홑반짇고리. <시집갈 때>부자는 겹반짇고리, 가난한 사람은 홑반짇고리를 해서 보내요.)(보성군)

10 서답방맹이
(빨랫방망이)

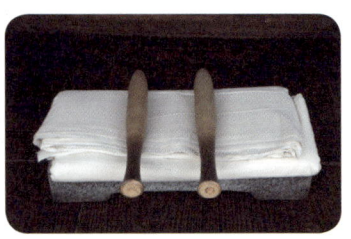

빨랫감을 두드려서 때를 빼는 데 쓰는 표준어 '빨랫방망이'를 광주·전남에서는 '서답방맹이'라고 말한다.

'서답방맹이'는 어디에서 온 말일까?

우선 '서답방맹이'는 '서답'에 '방맹이'가 합하여진 말이라는 것을 알 수 있다. 광주·전남에서는 빨래를 흔히 '서답'이라고 했다. 그래서 '빨래'와 관련된 여러 어휘에서 빨래를 대신하여 아래와 같이 쓰이고 있는 것을 볼 수 있다. '서답독', '서답돌(빨랫돌)', '서답방맹이(빨랫방망이)', '서답비누(빨랫비누)', '서답줄(빨랫줄)', '서답터(빨래터)', '서답둠벙(빨래하는 우물)' 등으로 상당히 많은 관련 어휘가 있다.

'서답'은 한자어 '세답(洗踏 씻고 밟는 일)'에서 온 말이다. 그래서 '세답〉서답'으로 변해 온 말인데, 이 '세답'은 원래 '빨래하다'라는 의미로 '여자 월경대(月布)'를 일컫기도 했다.

19세 말 영국 여성 '이자벨라 비숍'이라는 지리학자가 한국 여행 겸 지리 탐사로 한국 사회를 오래 관찰하면서 쓴 『한국과 그 이웃나라들』이라는 책을 보면 한국 여인들은 '빨래의 노예'라는 말이 서너 군데 나온다.

"왜 한국 남자들은 하얀 옷을 입어서 여자들을 이렇게 힘들게 하는지 모르겠다."라던 중년 외국 여인의 표현이 오래도록 마음에 새겨지는 이유는 무엇일까?

현장 구술 담화

"동네 샘에 둘러앉아서 서답 씨끈다고 겨울에도 장갑도 안 찌고 서답방맹이로 뚜두라. 따신 물이 어디에 가 있다느냐. 그냥 애기 나 각고도 한 이틀 있다가 바로 서답 갖고 나가서 허고 했제."(동네 샘에 둘러앉아서 빨래한다고 겨울에도 장갑도 안 끼고 빨랫방망이로 두드려. 따뜻한 물이 어디에 가 있다느냐. 그냥 아이 나서 한 이틀 있다가 바로 빨랫감 가지고 나가서 빨래하고 그랬지.)(여수시)

11 빼다깐(서랍)

표준어 책상이나 장롱, 경대의 '서랍'을 광주·전남에서는 동부에서 '빼다지'형이 분포하고 있고, 서부 쪽에서 '뺄간', '빼깐', '빼다깐'이 두루 자리 잡은 것을 볼 수 있다.

'빼다깐'은 어떻게 만들어진 말일까?

먼저 표준어 '서랍'은 '설합(舌 혀 설, 盒 그릇 합)'이라는 한자어에서 나온 말이다. 나오고 들어가는 모습을 사람의 '혀'에 비유한 듯하다. '설합〉서랍'으로 ㅎ이 탈락하고 연음이 된 모습이다.

'빼다지'는 '빼고 닫는다'는 의미로 '빼+닫+이'이다. '빼다깐'도 역시 '빼고 닫는 칸'으로 '빼+닫+간〉빼닫간〉빼다깐'이 된 모습이다. '뺄간'은 '빼+ㄹ+간', '빼비'는 '빼+ㅂ+이'로 볼 수 있다.

그래서 '빼다지(빼+닫+이)'는 두 어간 사이에 어미가 없이 바로 '어간+어간'이 결합한 비통사적 합성어이고, '뺄간'은 '빼+ㄹ+간'으로 '어간+어미+어간'으로 이루어진 통사적 합성어이다.

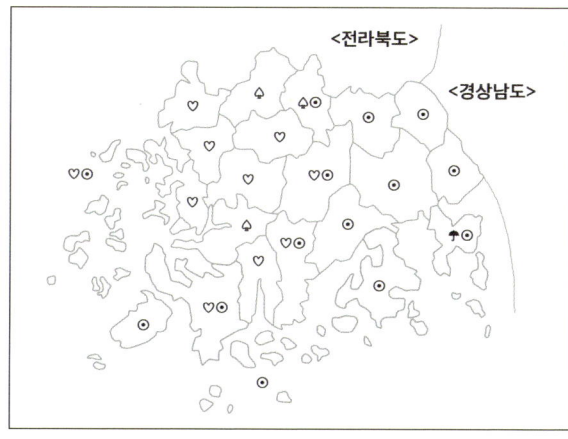

이와 같은 '빼다깐'을 잠그는 장치를 표준어에서 '자물통', '자물쇠'라고 하고, 이것을 여는 것을 '열쇠'라고 하는데, 광주·전남에서는 '자물쇠'를 '쇠통'이라고 하고, '열쇠'를 '쇳대', '샛대', '쎗대' 라고 했다. '쇠통', '샛대'는 모두 '쇠로 만든 물건'이라고 생각한 데서 만들어진 말로 보인다.

현장 구술 담화

"기영대, 빼다깐에다 빗 담고. 거울 있고 여그 빼다깐 있지요. 빼다깐에다 빗을 담아 놓고 쓰고. 기영대 앞에다는 화장품 놔두고 쓰고."(경대, 서랍에 빗을 담고. 거울이 있고 여기 서랍이 있지요. 서랍에다 빗을 담아 놓고 쓰고. 경대 앞에는 화장품을 두고 쓰고.)(해남군)

05 민속과 질병

이 장에서는 '민속과 신앙', '세시풍속', 그리고 '질병' 등과 관련된 어휘의 말뿌리에 대하여 살펴보았다. 과학의 발전과 함께 우리의 세시풍속과 민간신앙, 놀이 등은 옛이야기가 되어가지만, 오늘날에도 의미 있는 것들을 찾아 함께 할 수 있다면 하는 바람이다.

외약사내끼   막동아지   간재미연   당골래
삼시랑   도채비   깨금발   행감치다
돈사다   찌찌   가슴애피   곰발
모실댕이다

01 외약사내끼(왼새끼)

예전에 출산하면 볏짚을 왼쪽 방향으로 새끼를 꼬아 숯, 청솔가지, 고추를 끼우고 문간에 걸어 놓는데, 이를 금줄, 인줄이라고 한다. 반드시 '왼새끼'를 꼬아야 했다. 이 '왼새끼'를 광주·전남에서는 '외약사내끼', '외약새내키', '외약살', '왼사나쿠'라고 하였다.

'외약사내끼'는 원래 어떤 의미가 있는 말이었을까?

'외약사내끼'는 '외약+사내끼'인데 '외약'은 '왼쪽'이고, '사내끼'는 '새끼줄'을 말한다. 먼저 '왼'의 어원을 살펴보면 중세국어에서 올하니 외니(왼+이) 이시면(有是非, 옳은 것과 그른 것이 있으면)에서와 같이 '왼'은 '그른', '잘못된'이라는 뜻을 가지고 있었다.

그리고 '왼손잡이'는 광주·전남에서는 '외약손잽이', '왼작잽이' 라고 하는데, '왼작잽이'는 '왼(그른)+작(便, 쪽)+잽이(잡이)'의 형태로 결합된 말이다. '외약손잽이'는 변이형이다. 광주·전남에서는 '왼쪽'을 '왼작', '외약'이라고 하기 때문이다.

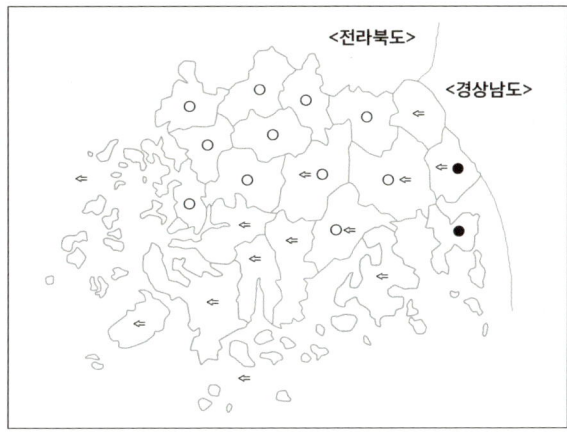

['왼손잡이' 지도]
○ 외약손잽이
⇐ 왼손잽이
● 왼작잽이

그리고 '오른손'의 '오른'은 옛말에서 '올ᄒᆞᆫ 녁(옳은 쪽)'이라는 말에서 보듯이 '옳은(옳다)'이라는 뜻을 가진 말이다. '오른손'을 '바른손'이라고 하는 이유도 이와 관련이 있다.

'외약사내끼(왼새끼)'로 늘여 놓은 금줄의 역할은 무엇보다 잡인(雜人) 출입 금지다. 친인척일지라도 삼칠일(21일) 안에는 들어가지 못한다. 또 마을의 당산이나 서낭, 솟대 등에도 걸었으며, 절기에 성주나 칠성을 모실 때, 장독을 감을 때도 사용하였다.

―――― 현장 구술 담화 ――――

"오른사내끼, 외약사내끼, 이상허니 외약쪽으로 까는 사람이 있어. 그것보다가 외약사내끼, 나무에다 삥 돌립디요. 내가 외약손잽이요."(오른새끼, 왼새끼, 이상하게 왼쪽으로 꼬는 사람이 있어. 그것을 외약사내끼, 나무에 빙 돌리던가요. 내가 왼손잡이요.)(영암군)

02 막동아지
(말 4개가 함께 감)

    윷놀이에서 두 개의 말이 한꺼번에 가는 것을 광주 전남에서는 '둑동아지', '둑동생이'라고 하고, 네 개의 말이 한 번에 갈 때 이것을 일컬어 '막동아지', '막동생이'라고 한다.
    '막동아지', '막동생이' 등은 어떻게 만들어졌을까?

    먼저 '둑동아지'를 보자. '둑', '둑동' 등에 나타나는 '둑'은 '둘(二)'을 말하는데, ㄹ이 ㄱ으로 변하는 모습은 광주·전남에서 '돌(石)'을 '독'이라고 하는 것과 같다. '둑동생이', '둑동아지'의 '동'은 대들보나 건물 한 채를 말하는 '동(棟)'을 빗댄 것으로 보인다.

    '-아지'와 '-생이'는 '갱아지(강아지)', '맴생이(염소)'등에서 볼 수 있는데, 둘 다 '좀 작은 것'을 말하는 접미사이다.
    그래서 '막동아지', '막동생이'도 '막+동+아지(생이)'인데 얼른 보면 '마지막으로 하나가 가는 것'이라는 뜻으로 보이지만, 사실은 '동시에 4개가 함께 가는 묶음'을 일컫는 말이다.

그 밖에도 윷놀이에서 말이 혼자 가는 것을 '햇떼기', 셋이 함께 가는 것을 '석동아지'라고 한다.

우리의 전통 놀이인 윷놀이는 요즘은 명절이 와도 시골에서도 이를 즐기는 사람을 찾아보기 힘들 정도이다. 그만큼 농촌 인구가 급속도로 줄어들어 가고 있고, 그로 인하여 명절에도 마을을 찾아오는 젊은이들 조차 적어져 가고 있기 때문이다.

현장 구술 담화

"아, 두 마리가 함쁜에 가는 것은 둑동아지, 세 말이 함쁜에 가는 것을 석동아지, 네 말이 항꾸네 가는 것을 <u>막동아지</u> 그래. 햇대기, 두동아지, 석동아지, <u>막동아지</u>, 둑동아지, 둑동생이라고도 허고, 석동아지, 석동생이, 네 개는 <u>막동아지</u>라고 해."(아, 두 말이 함께 가는 것은 두동아지, 세 말이 함께 가는 것을 석동아지, 네 말이 함께 가는 것을 <u>막동아지</u>라고 해. 햇대기, 두동아지, 석동아지, <u>막동아지</u>, 둑동아지, 둑동생이라고도 하고, 석동아지, 석동생이, 네 개는 <u>막동아지</u>라고 해.)(무안군)

제5장 민속과 질병

03 간재미연(가오리연)

마름모꼴을 한 사각형의 맨 아래에 긴 꼬리가 달린 '가오리연'을 전남 진도 등에서는 '간재미연'이라고 부른다.

'간재미'는 광주·전남에서 표준어 '가자미'를 일컫는 말이다. '가자미'는 '가오리'와 닮은 넓적한 바닷고기다. '가자미연〉간재미연'로 변한 '간재미연'은 '가자미'처럼 생긴 '가오리연'을 말한다.

신안에서 보이는 '홍애딱지'는 '홍어'를 닮았다는 의미이다. '가오리연'은 이 외에도 진도의 '박죽연(주걱 연)', 광양의 '주개연(주걱 연)'인데, 밥을 푸는 '주걱'을 닮았다는 뜻이다. 신안에서는 '댕갱이연'이라고 한다.

──── 현장 구술 담화 ────

"요라고 꼬리 달린 연, <u>간재미연</u>이라 그러고, 간재미같이 생갰다고 그래서 <u>간재미연</u>이라고 그러고. 꼬리까지 다 달아 가지고."(이렇게 꼬리가 달린 연, <u>간재미연</u>이라 그러고, 가자미같이 생겼다고 해서 <u>간재미연</u>이라고 그랬지. 꼬리까지 다 달아 가지고.)(진도군)

04 당골래(무당)

표준어 '단골'은 '늘 정하여 놓고 거래를 하는 단골집', 또는 '정하여 놓고 굿할 때마다 늘 불러 쓰는 무당'을 일컫는 말이다.

후자의 '무당'을 의미하는 '단골'을 광주·전남에서는 '당골래'라고 한다.

'당골래'는 어디에서 온 말일까?

대체로 세습무인 '당골래(무당)'는 어떤 집을 정해 놓고 찾아가서 무슨 일이 있을 때 점을 쳐 주거나, 집안에 누가 병이 들거나 어려운 일이 있을 때 해결해 주는 일을 도맡아서 해 왔다고 한다.

표준어 '단골'은 이 '당골래'에서 나온 말일 가능성이 크다. '일정한 구역을 정해 놓고 일을 봐 준다'는 의미인 '당골래'에서, '정해 놓고 물건을 사는 사람' 또는 '정해 놓은 무당'의 의미를 지닌 '단골'이라는 말이 나왔을 것이라 짐작할 수 있는 것이다.

현장 구술 담화

"배 사고가 났을 때, 그 바다에 그물 쳐 났는디 그물 몇 개가 없어져 부러서 당골래 불러 굿을 허고 그랬어요. 시방도 동네 당골래 굿허고 그래요."(배 사고가 났을 때, 바다에 그물을 쳐 놓았는데 그물 몇 개가 없어져 버려서 무당을 불러 굿을 하고 그랬어요. 지금도 동네 무당 굿하고 그래요.)(완도군)

05 삼시랑(삼신령)

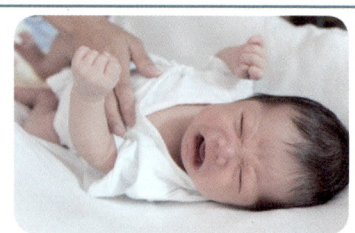

"아이고, 무신 삼시랑이 저라고 고집이 시까라, 시상에 저 삼시랑 하년 꼬라지 잔 보소."(아이고 무슨 인간이 저렇게 고집이 셀까요? 세상에 저 삼시랑 하는 꼬라지를 좀 보소.)

광주·전남에서 쉽게 들을 수 있는 말이다. 여기서 볼 수 있는 '삼시랑'은 원래 무슨 뜻을 가진 말이었을까?

우리의 할머니들은 아이가 태어나면 미역국과 메(쌀밥)를 지어 '삼신상'을 차려 아이와 산모를 점지하고 보살피는 '삼신(三神)'께 먼저 정성을 올린 후 먹었으며, 아기가 무럭무럭 자라 백일이나 돌을 맞이하여 잔치를 벌일 때나 설, 추석 등 명절에도 반드시 '삼신'을 모셨다. '삼신상'을 광주·전남에서는 '삼짓상'이라고 부른다.

'삼시랑'은 위의 '삼신'과 같은 의미로, 원래 표준어 '삼신령(三神靈)'에서 온 말이다. '아기를 점지하고 산모와 산아(産兒)를 돌보는 세 신령'을 일컫는 말이다. 그래서 '삼신령〉삼신랑〉삼시랑'으로 변한 모습이다.

이렇게 아이를 점지하거나 보살피는 신, '삼시랑'이라는 말은 아이가

'태어날 때'를 일러 '삼시랑때'라는 말을 쓰기도 하였다.

그래서 이 삼시랑이란 이름은 함부로 말하는 것조차 금기시되었고, 나중에는 아주 조심스럽고 껄끄러운 존재로 인식되었다. 그러다 이제 '삼시랑'이란 말은 차츰 의미가 변하여, 무언가 하는 '행위가 보통 사람과 다른 행색을 보이거나, 껄끄러운 행동을 일으키는 사람'을 의미하는 말로 쓰이기도 했다. 그래서 위에 나온 대화를 쉽게 사용하고 들을 수 있었던 것이다.

---- 현장 구술 담화 ----

"이월할매 삼시랑 대올린다 그래 각고 장끄방에 흙을 파 각고 시 간디다가 놓고, 동두깨미 떡도 해묵고 글 안허디냐. 매갑시 신이 올라간다고. 사삭시럽게 옛날, 대를 쪼개 각고 요리 그 우게다 종지기에다 물 딱 떠놓고 절허고 글 안 허디냐. 하, 삼시랑 대올린다고 이월할매가 올라간다고."(이월할머니 삼신령 대를 올린다고 해서 장독대에 흙을 파서 세 군데다 놓고, 동두깨미 떡도 해 먹고 그렇지 않더냐. 괜히 신이 올라간다고. 사삭스럽게 옛날, 대를 쪼개서 이렇게 그 위에다 종지에다 물을 딱 떠놓고 절하고 그렇지 않더냐. 그럼, 삼신령 대를 올린다고 이월할머니가 올라간다고.)(여수시)

06 도채비(도깨비)

동물이나 사람의 형상을 한 잡된 귀신의 하나, 비상한 힘과 재주를 가지고 있어 사람을 홀리는 '도깨비'를 광주·전남에서는 '도채비'라고 한다. 그러면 이 '도채비'는 어디에서 온 말일까?

표준어 '도깨비'를 먼저 살펴보자. '도깨비'와 관련된 옛말을 살펴보면 중세국어에서부터 '돗개비', '돗갑이(도깨비)'가 나온다. 그리고 '헛된 환영(幻影)'을 말하는 '도섭'이라는 말도 나오는데, '도깨비'는 '밤에 나타나는 헛된 것' 정도로 해석이 된다면 공통적으로 '돗'의 의미를 찾아낼 수 있을 것이다.

그래서 '돗개비'의 '돗'은 바로 '헛된 것', '헛것'의 의미로 볼 수 있으며, '-개비'는 '말똥개비(말똥구리)', '허깨비(헛것)'에서도 볼 수 있는 접미사이다.

'도채비'는 '도깨비'가 변한 모습이다. '도개비〉도째비〉도채비'와 같이 ㄲ-ㅊ 교체의 경우는 광주·전남의 '가깝다〉가찹다' 등에서도 볼 수 있다. 그리고 이러한 '돗'과 관련되어 여수에서 '도섭시럽다'란 말을 볼 수 있다.

"그놈 참 도섭시럽다."(그놈 능청스럽고 변덕을 잘 부린다)

위의 '도섭'도 '도깨비'의 '돗-'과 관련이 있어 보인다.

지금도 살아계시는 어른들은 생생한 도깨비 이야기를 실감 나게 하신다. 분명 도깨비는 우리 곁에 실존했던 것으로 보인다.

사실 우리나라의 도깨비는 머리에 뿔이 나거나 쇠로 만든 무서운 방망이를 가지고 다니지 않는다고 한다. 생김새도 전형적인 농사꾼 모습이나 여러 가지 동물 모양을 닮았고 난폭하여 사람을 잡아먹거나 괴롭히지 않으며, 대체로 갑자기 나타나서 사람에게 씨름을 하자고 하고 도토리묵과 막걸리를 좋아하며 붉은 색을 싫어하기 때문에 팥이나 말피를 가까이하지 않는다고 한다.

현장 구술 담화

"옛날 도채비 따라 저녁 내 돌아댕이다, 인자 야물게 도채비를 잡아 각고 뭉꺼 놓고 그 뒷날 가 봉께 빗지락 몽댕이에가 피가 묻었드란다. 도채비, 허깨비를 만냈다고 그래 각고 매갑시 사램이 기운이 부치고 그러먼 그래."(옛날 도깨비 따라서 저녁 내내 돌아다니다가, 이제 도깨비를 잡아서 단단히 묶어 놓고 그 뒷날 가 보니까 빗자루 몽둥이에 피가 묻었더란다. 도깨비, 허깨비를 만났다고 그래서 괜히 사람이 기운이 부치고 그러면 그래.)(여수시)

---

07 깨금발(앙감질)

서서 뒤로 한 발을 구부리고 한 발로만 뛰는 동작, 주로 상대를 넘어뜨리는 놀이에서 사용하는 걸음을 표준어로 '앙감질'이라고 하는데, 이를 광주·전남에서는 '깨금발', '깽발', '깸발', '깨금박질', '깨금조시', '깐치발', '개발'이라고 한다.

'깨금발', '깸발'은 어떻게 만들어진 말일까?

'깨금발', '깸발'은 한 발(다리)로만 뛰는 모습을 본뜬 말이다. 실제 일부 지역에서는 이러한 뜀박질을 한 발로 '까치'가 뛰는 모양이라고 하여 '깐치발'이라고 하고, 또 '절룩거리는 개'의 모양이라고 생각하여 '개발'이라고 한다.

이들로 보아 '깨금발', '깸발'은 '개발'이나 '깐치발'과 같은 내용을 이렇게 달리 표현한 것으로 보인다. 아마도 정상이 아닌 상태를 우리 지역민들은 '개(犬)'에 많이 비유한 것으로 보아 '개(犬)'에서 따오지 않았을까 생각해 본다.

그래서 '깨금발', '깸발'은 '개발>개음발>개금발>깨금발>깸발'로 변한 말이 아닌가 생각되는 것이다. '개음발>개금발'처럼 ㄱ이 첨가된 모습은 광주·전남에서 쉽게 찾아볼 수 있다.(개다리>개구다리, 너의>느그)

그리고 '깽발'은 '개발'이 '개발〉갱발〉깽발'로 변한 말로 보인다. 이처럼 '개'에 ㅇ이 첨가된 사례는 '개+아지〉갱아지', '개판〉깽판(무질서)'에서도 볼 수 있다.

'깨금조시'의 '조시'는 '좃다'의 의미로 '좃는(쪼는)' 의미이다.
순천 등지에서는 이렇게 한 발로 뛰면서 아이들끼리 서로 넘어뜨리거나 술래잡기를 하면서 하는 놀이를 '깨금쌈'이라고 하였다.

현장 구술 담화

"깨끔짓는다고 깨금발 짓기 허자고 허고 그랬어. 발로 차고 다닌 것은 깅까놀이 허자고, 깨금발을 한 발로 헝께 깨금짓기라 허고, 옛날에는 머헐 거 없응께 고라고 놀지라."(앙감질한다고 앙감질하자고 하고 그랬어. 발로 <돌을> 차고 다니는 것은 깅까놀이 하자고, 앙감질을 한 발로 하니까 깨금짓기라고 하고, 예전에는 뭐 할 게 없으니까 그렇게 놀지요.)(광주광역시 광산구)

08 행감치다
(양반다리를 하다)

　표준어에서 한쪽 다리를 오그리고 다른 쪽 다리는 그 위에 포개어 얹고 앉은 자세를 '양반다리'라고 한다. 그런데 광주·전남에서는 이러한 자세를 '행감치다', 일부 지역에서 '양반개다'라고 한다.

　'행감'은 바로 '양반'과 비슷한 의미로 고을의 우두머리인 '현감(縣監)'에서 온 말로, '현감의 자세를 취하다'는 의미이다. '현감〉헨감〉행감'으로 변해 온 것이다.

　남자들이 밥상에 앉을 때 이런 자세를 취하지 않으면 배우지 못했다고 말하기도 하였고, 어떤 경우는 오히려 건방지다고 어른들 앞에서 이 자세를 못 하게 하였다.

현장 구술 담화

"<u>행감친다</u> 글고, 행감을 쳐도 어런 앞에서 오른 다리가 왼 다리 우로 가면 안 돼. 이렇게 <u>행감친</u> 것은 보통 있어요."(행감친다 그러고. 책상다리 해도 어른 앞에서 오른 다리가 왼 다리 위로 가면 안 돼. 이렇게 <u>양반다리</u>를 하는 것은 흔히 있어요.)(장성군)

09 돈사다(돈을 마련하다)

"저재 강가?" "잉, 가용에 씰라고 쌀허고 퐅이랑 갖고 돈사로 강마." (시장에 가는가? 응, 집안에 필요한 돈 쓰려고 쌀하고 팥이랑 팔아서 돈 장만하러 가네.)

쌀이나 다른 곡식 등 물건을 팔아서 돈을 마련한다는 말을 '돈사러 간다'고 한다. 심지어 "쌀 사로 가요."라는 표현을 했다. '쌀을 팔고 돈을 마련하다'는 의미인데, 언뜻 모르는 사람이 들으면 내 돈으로 '쌀을 사 오는 것'으로 착각을 할 수 있다.

'돈사다'는 말은 결국 '돈을 마련하다'는 의미를 광주·전남에서는 이렇게 표현한 말이다.

그리고 '수사다'는 말이 있는데 농사지을 땅이 없는 사람이 남에게 '땅을 빌려서 농사를 짓고 지은 대가(수)를 주는 행위'를 말한다. 그리고 '놉사다', '품사다'라는 말은 '품앗이'할 사람을 구하러 간다는 의미이다.

현장 구술 담화

"쌀이랑 <u>돈사로</u> 간다고, 내가 <u>돈사로</u>. 돈 장만헐라면 <u>돈사러</u> 가제, 돈허로 돈 장만허로."(쌀이랑 팔아서 <u>돈 장만하러</u> 간다고, 내가 <u>돈 장만하러</u>. 돈 장만하려면 <u>돈사러</u> 가제, 돈을 장만하러.)(여수시)

10 찌찌(더러운 것)

국어사전에 '지지'는 '어린아이의 말로, 더러운 것을 이르는 말'이라고 나와 있다. 광주·전남에서는 이를 '찌찌'라 한다.

"아가, 찌찌다, 손대지 마라."

'지지'의 된소리 형태인 '찌찌'는 일반적으로 광주·전남에서는 어른이 어린아이에게 가까이 가거나 만지지 말라고 하는 경우에 쓰이는 말로, '아주 더러운 것'을 의미한다.

이 '찌찌'의 원래 의미는 무엇일까?

광주·전남에서는 '반딧불'을 '개똥불'이라고 하고 이 벌레를 '개똥벌레'라고 한다. '개똥'에서 나온 '불'이라고 해서 붙여진 이름이다. 그런데 이 '개똥불'을 북한(함경도)에서는 '갠지벌기', '깬지벌기', '깬지버리' 라 부르고 강원도에서는 '개찌불'이라고 하는데, 여기에서 '찌'는 모두 '똥'을 대신하고 있는 것을 알 수 있다.

또 북한에서는 '별똥'을 '베리찌', '벨찌', '베리똥' 등으로 부르는데 이때에도 '똥'의 자리에 '찌'가 대신 들어가 있다.

그리고 15c(구급방언해)에 마소가 '묽은 똥을 싸다(설사하다)'는 의미를 '즈치다'라고 하였다. 이것은 16c에 오면서 '지치다'로 음운변화를 하면서 그 의미도 '피곤하여 기운이 빠지다'라는 의미로 바뀐 말인데 이때의 '지(즈)'도 '똥'과 관련된 말임을 알 수 있다.

그래서 광주·전남의 '찌찌'는 원래 '똥'을 의미하는 말이었다는 것을 짐작할 수 있고, '똥(糞尿)'의 의미에서 차츰 '더러운 것'으로 의미확대를 보인 것이 아닌가 싶다.

광주·전남의 화자들은 아이들에게 '찌찌'를 일컬을 때는 꼭 '똥'만을 말하는 것은 아니지만, 대체로 '개나 사람의 분뇨(糞尿, 똥)'를 지칭하면서 '아주 더럽다'라는 의미로 사용할 때가 많기 때문이다.

현장 구술 담화

"찌찌라 했어. 똥 같은 거 묻으면 아따 찌찌 묻었다. 엄마보고 씨처주라 그래, 찌찌가 묻어서."(찌찌라고 했어. 똥 같은 거 묻으면 아따 찌찌 묻었다. 엄마보고 씻어 달라고 해라, 똥이 묻었다고.)(영암군)

11 가슴애피(가슴앓이)

명치 부위가 화끈하고 쓰린 증상, 흔히 위(胃)의 신물이 식도로 역류할 때 생기며 신물이 입안으로 올라올 때도 있는 병을 표준어로 '가슴앓이'라고 하고, 광주·전남에서는 이를 '가슴애피'라고 한다. 사실 '가슴애피'는 표준어와 좀 다른 의미인 '마음에 생긴 병', 즉 '가슴앓이'를 말할 때가 많다.

'가슴애피'는 어디서 나온 말일까?

'가슴애피'는 '가슴+애피'이니 '애피'를 찬찬히 살펴보자. '애피'는 '아프다'의 옛말이 '알ᄑᆞ다'이었기 때문에 '알ᄑᆞ'에 접미사 '-이'가 결합한 명사형이다. '알피(알ᄑᆞ+이)>아피>애피'로 변해 온 것이다.

광주·전남에서 '눈애피' 등의 말에도 '애피'가 쓰인다. '가슴애피'를 여수·순천에서는 '울떡증'이라고도 한다. '울떡증'은 '울(鬱 막힐 울)+덕+증(症勢)'으로 이루어진 말로 보이는데, 마음이 막혀서 마음이 답답하고 괴롭다는 의미이다. '-덕'은 화가 벌떡벌떡 일어나는 증세인 '벌떡증'에 이끌려 유추된 말로 보인다.

참고로 광주·전남에서는 '애리다'라는 말이 '아프다'와 비슷한 의미로 쓰이는데 이 말은 표준어 '아리다'가 전설모음화된 형태이다. '아리다'는 '상처나 살갗 따위가 찌르는 듯이 아프거나', '마음이 몹시 고통스럽다'라는 의미이다. 옛말은 '알히다'이고 '알히다〉아리다〉애리다'로 변해 온 것을 알 수 있다.

'아리다'의 옛말 '알히다'를 보면 '알ㅎ+이(피동접사)+다'로 볼 수 있고, '아프다'의 옛말 '알ᄑ다' 역시 '알ㅎ+ㅂ(브)+다'로 볼 수 있는데, 두 어휘가 모두 '알ㅎ', '앓'이라는 공통 요소를 가지고 있는 말임을 알 수 있다. 결국 '아프다'나 '아리다'는 둘 다 '앓다'는 의미의 '알ㅎ'에서 나온 말이다.

현장 구술 담화

"그것이 틀어 오르면 아주 쑤시고 아프고, 나도 한 오 년 <u>가슴애피</u> 보대 꼈소. 담석이 콩팟에 배개 각고, 옛날 <u>가슴애피</u>여."(그것이 틀어 오르면 아주 쑤시고 아프고, 나도 한 오 년 <u>가슴앓이</u>로 부대꼈소. 담석이 콩팥에 박혀서, 옛날에 <u>가슴앓이</u>야.)(해남군)

12 곰발(종기)

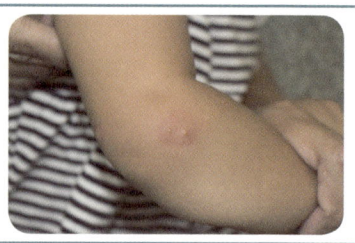

표준어 '종기(腫氣)'를 광주·전남에서는 '공곳[공·곧]', '공것', '곰발[곰·발]', '부시럼'이라고 한다. '곰발'은 어디에서 왔을까?

우선 표준어 '종기'는 '종(腫 부스럼)'에 '기(氣)'가 붙은 한자어이다. 그리고 '곰발', '공곳'은 '곪은+발', '곪은+곳'으로 '곪은발〉곰발', '곪은곳〉곰곳〉공곳'으로 본다. '발'과 '곳'은 둘 다 '어떤 부위(위치)'를 이르는 말이다. 광주·전남의 일부 지역에서는 '부스럼'이 '종기'를, '곰발'이나 '공곳'이 '부스럼'을 대신하기도 한다.

현장 구술 담화

"곰발이 곰발, 아따 고름 많이 들었다. 요거 참근 안 빠지먼 도로 덧난다, 참근 빼 불자."(<u>종기</u>가 <u>종기</u>, 아따 고름이 많이 들었다. 이것 뿌리가 안 빠지면 다시 덧난다, 뿌리 빼 버리자.)(영암군)
---

13 모실댕이다
(마을에 놀러 다니다)

이웃집으로 돌면서 노는 행위를 국어사전에는 '마을돌이하다'라고 실려 있다. 이에 해당하는 말은 광주·전남에서 '모실댕이다', '마실댕이다'라고 한다. '모실댕이다'가 만들어진 모습을 살펴보자.

'모실'은 원래 중세국어에 '마을'을 의미하는 'ᄆᆞᅀᆞᆯ'의 모습으로 나타난다. 'ᄆᆞᅀᆞᆯ〉모슬〉모실'의 과정을 거친 말이다. '모실댕이다'는 '모실'에 '댕이다(다니다)'가 더한 합성어이다. 그러고 보면 '모실댕이다'는 ㅿ, ㅅ이 남아 있는 고어 형태이다.

현장 구술 담화

"다 큰 지집이 어디를 밤마동 그리 모실 짤짤거리고 돌아댕이냐. 인자부텀 모실댕이지 마라, 잉."(다 큰 계집이 어디를 밤마다 그렇게 마을 까불고 돌아다니냐. 이제부터 마을돌이하지 마라, 응.)(순천시)

사람과 호칭

이 장에서는 특징적인 '사람'을 일컫는 어휘와, 인간관계에서 사람을 부르는 '호칭'에 관련된 어휘, 그리고 '사람들의 모습이나 행동'을 표현할 때 쓰는 말을 살펴보았다. 하나하나의 말을 만들어내었던 조상들의 섬세하고도 심오한 삶의 태도를 엿볼 수 있고, 또 그러한 말의 의미는 어떻게 변해 왔는지 짐작할 수 있을 것이다.

가시내	똘 것	앳가심	동상아덕
여러시	항꾸네	지집사나그	싸가지
느자구	꼬라지	거지꼴	구짐머리
오두방정	굴레씨염	총찬허다	숭악허다
지앙시럽다	골개리다	빤득거리다	실답잖다
타갰다			

01 가시내(계집)

'여자 아이'를 낮잡아 이르는 표준어 '계집아이'를 광주·전남에는 '가시내'라고 하는데, '가이내', '가이나', '가이', '가스나', '가스네', '가시내기' 등 많은 변이형이 있다.

이 '가시내'의 원래 의미는 무엇일까?

먼저 '가시내'에 포함된 '갓', '가시'를 살펴볼 필요가 있다. 중세국어에는 '갓(妻, 아내)', '갓나히(여자)', '가ᄉᆞ나히(계집아이)' 등이 보인다. '갓', '가ᄉᆞ'는 '여자', '아내'를 의미한 말이다. 중세국어에서는 '장인', '장모'를 '가싀아비', '가싀어미'라고 하였고, 지금도 '부부(夫婦)'를 일컫는 '가시버시'라는 말이 있다.

이와 같은 말들로 보아 대체로 가시내는 갓, 가ᄉᆞ(여자)'에 '아히(아이)'가 합성된 '갓+은(속격)+아히' 또는 '가ᄉᆞ+ㄴ+아히'가 변하여 '가ᄉᆞ나히〉가시나히〉가시내' 되었다고 보고 있다. 이처럼 '아히'가 합해진 모습은 '산(丁)+아히'가 '산아히〉사나히〉사나이'가 된 것과 같다.

그리고 이러한 '가시'와 관련된 말로 아내의 여자 동생을 이르거나 부르는 말을 표준어로 '처제'라고 하는데, 이 말을 전남 진도에서는 '가시아짐씨', '가세아짐씨'라고 부르기도 한다. '가시아짐씨'는 '가시+아짐씨'로 '가시'는 역시 '아내', '여자'를 뜻하는 말이고, '아짐씨'는 아버지보다 낮은 항렬의 아주머니를 말한다. 그래서 '가시아짐씨'는 '아내의 여동생', '처제'를 일컫는 말이다.

'가시내'와 대응되는 현대국어의 표준어는 '계집아이' 정도로 볼 수 있지만, '계집'은 원래 '집에 계시는 분'이라는 의미로 '겨집〉계집'으로 변해 온 말로 여자 일반을 가리키는 말로 쓰였다.

현장 구술 담화

"옛날에 오래 있으면 저놈의 <u>가시내</u> 놀리게 헌다고 그러고, 잉. 그렁저렁 나서부러. <u>가시내</u>들한테 새내키 돔박 각고 '아나 여있다' 그러고. 빨리 나가라고 방피 말하자먼, 도독질이다 개 그것보다."(예전에 <학질 등 병이>오래 있으면 저놈의 <u>계집</u>을 놀라게 한다고 그러고, 응. 그럭저럭 나아 버려. <u>계집</u>애들에게 새끼줄 도막을 가지고 '아나 여기 있다<뱀이다>' 그렇게 하고. 빨리 <병이>나가라고 방피 말하자먼, 도둑질이라고 해 그것을 일러서.)(나주시)
---

02 똘것(별종)

　일종의 '돌연변이'를 의미하는 광주·전남의 '똘것', '똘곳'은 대체로 한 집안에서 그 집안사람 중에서 그 집안 물색과는 좀 다르게 생긴 사람이나, 아니면 하는 행동이 특이한 사람, 즉 '별종'을 가리키는 말이다.
　'똘것[똘:것, 똘:껏]', '똘곳[똘:곳, 똘꼿]'은 어떻게 생겨났을까?

　광주·전남의 화자들에게 이 '똘'은 원래 '다르다'라는 의미보다는 '보통의 것과 외따로 떨어진', '전혀 예상하지 않았는데 우연히 나타난', 또는 '주인이 가꾸지도 않았는데 저절로 잘 자라고 있는' 등의 의미를 지니고 있다.
　그래서 실제로 지역 화자들은 주인이 심지 않아도 저절로 나는 무를 일컫는 말로 '똘무시', 그런 동부(콩의 일종)를 '똘동부'라고 한다. 그리고 이것들을 함께 말할 때도 '똘것', '똘곳'이라고 한다.

　또 벼와 함께 섞여 있는 논의 피도 포기로 나 있는 피를 '포기피'라고 하는데, 하나만 저 혼자 따로 나 있는 피를 '똘피'라고 하고, 저절로 자라는 밤나무를 '돌밤나무', 혼자 외따로 떨어져 다른 사람과는 어울리지 못하는 의미를 가진 말을 '똘럼하다'라고 한다.

이와 같은 내용을 종합해 볼 때 '똘것', '똘곳'은 '누가 가꾸지 않은', '한 무리에서 떨어져 나온', '전혀 예상하지 못한'이라는 뜻을 가진 말로, 처음에는 식물이나 동물을 지칭하던 것이 사람에게까지 적용되어 사용하게 된 것이라 본다. '똘것', '똘곳'을 '똘놈'이라고도 한다.

> "아 금메 우리집에 똘곳이 한나 생겠당께, 즈가부지 한나도 안 타갰어 (닮았어), 지 혼차 객지에 나가서 돈 벌어서 지 동상들 모도 다 갈치고(가르치고) 그랬당게"

'똘곳'은 대체로는 부정적인, 기대에 미치지 못하는 경우에 쓰이지만, 바로 위의 대화에서처럼 때로는 한 가족 중에서 별스럽게 뛰어나거나 독특한 경우에 칭찬하는 말로 쓰이기도 한다.

현장 구술 담화

"갈라진 뽕 똘것[똘:껏]으로 있으면 가새뽕이라고 하고, 또 임자 없이 똘곳으로 났다고, 안 심어도 나와 각고 있응께 똘곳[똘:꽃]으로 났다 글제. 무시도 그냥 안 뿌리고 난 것은 미영밭무시, 똘무 해 먹어라우."(갈라진 뽕이 외따로 있으면 가새뽕이라고 하고. 또 임자도 없이 외따로 났다고, 안 심어도 나 있으니까 똘곳으로 났다고 하지. 무도 그냥 안 뿌리고 난 것은 목화밭무, 똘무 해 먹어요.)(해남군)

03 앳가심(걱정거리)

　광주·전남에서는 집안에서 말썽을 피우거나, 어른들 말을 잘 듣지 않고 제멋대로 행동하는 사람을 일컬어 '앳가심', '부앳가심'이라고 말한다.
　'앳가심', '부앳가심'은 무슨 뜻이고 어떻게 생겨난 말일까?

　먼저 '부앳가심'은 '부애+가심'으로 이루어진 말인데, '부애'는 '부화(腑火)〉부아〉부애'로서, 뱃속의 '내장에서 불이 나다'에서 온 말이다. 그래서 '부애'는 '화'를 의미하며 '부애가 나다(화가 나다)', '부애를 내다(화를 내다)'라는 방식으로 사용된다. 또 '돌부애'라는 말이 있는데, '돌부애'는 '돌깍쟁이(심한 구두쇠)'에서 보듯이, 화가 많이 치솟은 상태를 강조한 말이다.
　'가심'은 중세국어의 '재료(材料)'를 의미하는 'ᄀᆞᅀᆞᆷ'에서 온 말이었다. 이 'ᄀᆞᅀᆞᆷ'은 표준어에서 'ᄀᆞᅀᆞᆷ〉ᄀᆞᅀᆞᆷ〉감'으로 변하고, 광주·전남에서는 'ᄀᆞᅀᆞᆷ〉가슴〉가심'으로 바뀌었다. '가심'은 중세국어의 ㅿ을 유지하고 있는 고어 형태이다.
　'물건의 재료', '자격이나 적당한 사람' 등을 뜻하는 '감'은 '한복감', '신랑감', '놀림감' 등의 말이 있는데, 광주·전남의 '가심'이 들어간 말은 '짓가심(김치 담는 재료)', '일가심(일거리)', '맷가심(맷감)', '앳가심(애 태우는 사람)' 등을 볼 수 있다. 이와 같은 의미를 종합하면 '부앳가심'은 '화를 돋우는 사람' 정도로 풀이할 수 있다.

그런데 '앳가심'은 이 '부앳가심'과 비슷하게 보이지만 출발이 완전히 다른 말이다. '앳가심'은 '말썽이나 걱정거리를 피우는 사람'을 말하는데, '애'는 순우리말로 '창자'를 일컫는 말이다. 그래서 '속이 탄다', '속이 끓는다'라는 의미로 '애타다', '애끓는다'라고 한다.
결국 '앳가심'은 '창자를 끊을 듯하게, 창자가 타는 듯하게 말썽을 피우는 일', '그런 사람'으로 풀이할 수 있다.

---- 현장 구술 담화 ----

"앳가심이라 애기들, 말 안듣고 먼 일 지기면 앳가심이네, 부앳가심도 말 안 듣고 헐 때 그래. 말가심 그러고도 허고, 팽야 그것이 그것이여."(걱정거리라 아이들, 말 안 듣고 무슨 일을 일으키면 앳가심이네, 부앳가심도 말 안 듣고 할 때 그래. 말가심이라고 하기도 하고, 똑같이 그것이 그것이여.)(보성군)

제6장 사람과 호칭 157

04 동상아덕
(제수 弟嫂)

　남자 형제 사이에서 동생의 아내를 이르는 말로 표준어에서 '제수(弟嫂)', '제부(弟婦)'라고 하는데, 광주·전남에서는 주로 '동숭아덕', '동상으덕', '동생덕', '올케' 등으로 부른다.
　'동상아덕'은 어떻게 만들어진 말일까?

　먼저 '올케'를 알아보자. '올케'는 '오빠나 남동생'의 아내를 말하는데, '오빠나 남동생'을 일컫는 말이 '오라비'이고 그 아내(계집)를 일러 '오라비계집'이라고 할 수 있는데. '올케'는 바로 '오라비계집'이 줄어든 말이다. '오라비'는 '올(早)+아비(父)'인데, 아비가 되기 전의 '이른 아비'이고, 여기에 '계집'이 합성된 말이다. '오라비겨집'이 '올케'로 줄어들어서 생겨난 말인 셈이다.

　동생의 아내(제수)를 주로 전남의 동부에서는 '동생덕', '올케'라고 하고, 서부에서는 '동상아덕', '동숭에덕'을 두루 사용하고 있다.

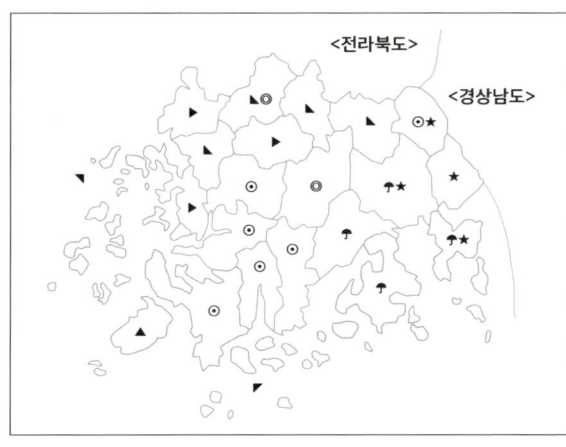

▶ 동숭에(아)덕
▲ 동숭으덕
▼ 동숭에처
◤ 오라부동숭
▲ 동숭에지심
◉ 동상(으)덕
◎ 동상아덕(득)
☂ 동생(으,에)덕
★ 올케

'동상아덕'은 '동상(동생)+의+덕'으로 '덕'은 '택(宅, 집)'이 '댁', '덕(떡)'으로 변하여 여자가 시집오기 전의 마을 뒤에 붙이는 칭호로 '월팽떡(월평에서 시집 온 여자)'과 같이 부르는 방식이다.

'덕'은 '오빠의 아내'를 일컫는 '오라부덕', '오라부덱'에서도 볼 수 있는데, 이는 '오라부(오라비)+덕(댁)'이라는 뜻이다. 또 지역에 따라 오빠의 아내를 '올캐', '성님'이라고 하기도 한다.

현장 구술 담화

"아, <u>동상아덕</u> 보다가 니기 올케한테 물어 바라. 동생네 마느래, 느그 올캐 온다, 딸한테 그러제. 또 씨누가 우리한테 올케다 글제. 지금도 그래. <u>동상아덕</u>."(아, <u>올케</u>를 일러서 너의 올케한테 물어 봐라. 동생의 아내, 너의 올케 온다고 딸한테 그러지. 또 시누이가 우리에게 올케라 그러지. 지금도 같아. <u>동상아덕</u>.)(광주광역시 광산구)

05 여러시(여럿)

표준어의 '여럿'에 해당하는 어형으로 광주·전남에서 보편적으로 쓰이고 있는 것은 '여러시', '여러이', '여러니' 등이다.
'여러시'는 어떻게 생긴 말이고, 몇 명이나 되는 숫자일까?

표준국어대사전에 '여러'는 '수효가 한둘이 아니고 많은'이라고 나와 있고, '여럿'은 '많은 수의 사람이나 물건'을 의미한다고 말하고 있다. 이처럼 사전에서도 몇 개 정도를 '여럿'이라고 하는지 명확히 말하지 않았다. '여럿'의 의미로는 대략 '대여섯 개'에서 '여나믄 개', 또 '상당히 많은'이라는 의미로도 사용 가능한 단위이다.

그러나 '여러', '여럿'의 어원은 '열(十)'에서 찾는 것이 좋을 것 같다. 즉 '열+어(엇)'로 볼 수 있는데, '열 개쯤 되는' 숫자를 가리킨다고 보아야 할 것이다.
여기에서 '어'는 '명확하지 않은', '비슷한 정도'나 '그쯤 되는'이라는 뜻이 있다. '백 원어치'라는 말에서 '어치'의 '어'는 '그 정도 되는'이라는 뜻이고 '어슴프레한', '어리둥절' 등의 '어'도 '분명하지 않다'라는 의미로 사용되고 있음을 본다.

그래서 '여러'는 '열+어'로 이루어진 말로 본다면 '여러'를 '열 내외의 수'로 볼 수 있을 것 같다. '여럿'은 '여러+ㅅ(관형격조사)+사람'에서 '사람'이 생략된 모습으로 보인다.

이렇게 본다면 '여러시'는 '여러 사람'을 뜻하는 '여럿'에 접미사 '-이'가 붙어 '여럿이〉여러시'가 되었을 것이다.

"여러시서 항꾸네 해도 다 못 헌디 혼차 어처꼬 헐라고 그러냐?"(여럿이 함께해도 다 못하는데 혼자 어떻게 하려고 그러냐?)

그리고 '많이'는 '일만(一萬)' 개에서 왔다는 설이 유력하다. 그렇게 본다면 이처럼 큰 차이가 나는 숫자인 '여러시'와 '많이'는 되도록 구분하여 쓰는 것이 좋을 것 같다.

현장 구술 담화

"나무를 띠멀 때 요것을 줄을 요렇게 해 갖고 띠멀고 와. 목도허는 거, <u>여러시서</u> 띠먼 것을 목도헌다 그래. 줄 걸어서 나무 요렇게 <u>여러시</u> 줄줄 끌고 내레가는 것."(나무를 떠멜 때 이것을 줄을 이렇게 해서 떠메고 와. 함께 매는 것, <u>여럿이</u>서 떠멘 것을 목도한다 그러지. 줄을 걸어서 나무를 이렇게 <u>여럿이</u> 질질 끌고 내려가는 것.)(함평군)

06 항꾸네 (함께)

'한꺼번에 같이, 또는 서로 더불어'라는 의미인 '함께'와 대응되는 말은 광주·전남에서는 '항꾸네'이다.

'항꾸네'는 어떻게 생겨난 말일까?

우선 '함께'와 관련된 옛말을 살펴보면 중세국어에 '흔ᄢᅴ'가 보이고 그 후에 '흠ᄣᅢ', '흠ᄭᅴ' 등을 볼 수 있는데, 가장 오래된 형태는 '흔ᄢᅴ'이다.

이 '흔ᄢᅴ'의 '흔'은 바로 '하나(一)', 'ᄢᅴ'는 '때(時)'를 의미하므로, '흔ᄢᅴ'는 '하나의 시간', '같은 시간(時間)', '한 때'를 말하는 것이다. 그리고 그 변화는 '흔ᄢᅴ에(흔ᄢᅴ+에)〉한끄에〉한께〉함께'로 변해 온 말이다. '한〉함'의 모습은 '한박눈〉함박눈(큰 바가지 눈)', '흔보로〉함부로' 등에서도 찾아볼 수 있다.

그래서 광주·전남의 '항꾸네'도 '흔ᄢᅴ+에'로 '흔ᄢᅴ에〉한끄에〉항끄네〉항꾸네'로 변한 모습이다. '항꾸네'가 '함께'보다 오히려 더 고어 형태에 가깝다.

이처럼 '함께'는 원래 '한때[한+ᄢᅴ(때 時)]'로 '한 시간', '같은 때'를 의미하던 것이 차츰 '둘이서 더불어(同伴하여)', '한꺼번에 같이'로 쓰이게 된 것이다.

'항꾸네'와 '같이'가 함께 쓰이기도 한다.

그래, 이제 우리 '같이' 가는 것보다 '항꾸네' 한번 가 보자. 외삼촌, 외할머니 반겨주는 외갓집 가는 길이 얼마나 정겨운 길이 될 것인가. 그리고 '함께' 일을 하는 것보다 이제부터라도 '항꾸네' 일을 해보자. 그러면 힘든 일도 좀 더 솔하게 해 낼 수 있을 것이다.

현장 구술 담화

"아야, 너 빨리 가지 말고 나랑 <u>항꾸네</u> 가자. 밥만 묵으먼 니 혼차 어디가 부냐? 나 띠내 불지 말고 나랑 <u>항꾸네</u> 같이 가자."(아야, 네 빨리 가지 말고 나랑 <u>함께</u> 가자. 밥만 먹으면 너 혼자 어디에 가 버리니? 나를 떼어 버리지 말고 나랑 <u>함께</u> 같이 가자.)(영암군)

---

07 지집사나그(부부)

 '부부(夫婦)'를 의미하는 '지집사나그'는 주로 전남 서부에서 볼 수 있는 말이다. '지집(계집)'과 '사나그(사내)'가 합쳐진 말로서 존댓말은 못 된다. '지집사나그'는 어떻게 생겨난 말일까?

 먼저 '지집'은 표준어 '계집'에 해당하는 어형이다. '지집'은 '계집〉게집〉기집〉지집'으로 변해 온 말로, 옛말은 '겨집'인데, '겨시다(계시다)+집'으로 이루어진 말이었다.
 남편을 의미하는 '사나그'는 전남 신안 등지에서 '계집'을 '가시나그'라고 하듯이, '사나(사나이)'에 '그'가 합해진 말이다.

--- 현장 구술 담화 ---

"저 집이 <u>지집사나그</u>가 쪼금 안 좋으면 저그 지집사나그가 안 좋다고. <u>지집사나그</u>가 못 됐다고."(저 집이 <u>내외</u>가 조금 안 좋으면 저그 <u>부부</u>가 안 좋다고. <u>부부</u>가 못 됐다고.)(나주시)

08 싸가지(싹수)

어떤 일이나 사람이 앞으로 잘될 것 같은 낌새나 징조를 표준어로 '싹수'라고 한다. 이에 대응하는 말로 광주·전남에서는 약간 비칭으로 '싸가지'라고 말한다.

'싸가지'는 어떻게 생겨난 말일까?

'싸가지'는 '싹+아지'로 이루어진 말로서, '싹'은 '새싹'을 말하는데, 앞으로의 '발전성'이나 '될성부른 떡잎' 정도로 이해하면 될 것 같다. '-아지'는 '소가지(속+아지)'나 '강아지', '송아지'처럼 '작은' 것을 나타내는 접미사이다.

'싸가지'는 대체로 부정적인 의미로 '~가 없다' 앞에서 사용된다는 특징을 가지고 있다.

현장 구술 담화

"그래도 <u>싸가지</u>가 없는 놈이 있지라. 싹수, <u>싸가지</u>, 느자구, 그런 말을 버릇이 없거나 보초대가리가 없을 때 쓰는 말이어요. 싹수라 글고 <u>싸가지</u>라 글제."(그래도 싸가지가 없는 놈이 있어요. 싹수, <u>싹수</u>, 느자구, 그런 말을 버릇이 없거나 보추때기가 없을 때 쓰는 말이어요. 싹수라고 하고 <u>싸가지</u>라 그러지.)(보성군)

09 느자구(늘품)

표준어로 '앞으로 좋게 발전할 품질이나 품성'을 '늘품'이라고 하는데, 이에 대한 비칭으로 광주·전남에는 '느자구'라는 말이 쓰인다.

'느자구'는 어디에서 온 말일까?

'느자구'는 '늦'에 접미사 '-아구'가 결합한 모습으로 '늦+아구(접미사)'이다. '늦'이 사용된 옛말을 찾아보면 중세국어에서 '죽사리를 버서날 느지오(월인천강지곡)'라는 구절이 나오는데, 그 뜻은 '죽고 사는 일을 벗어날 징후(徵候)'라고 해석된다. 여기서 '느지오'는 '늦+이오'인데, 이 '늦'은 '조짐'이나 '징후(徵候)'라는 뜻으로 사용되었음을 알 수 있다. 접미사 '-아구'는 '틈아구(틈새)'에서도 볼 수 있다.

그래서 '느자구 없다'라는 '앞으로 별 좋아질 가능성이 보이지 않는', '징후가 좋지 않은' 정도의 의미가 있는 말이다.

그리고 우리가 흔히 쓰는 '느닷없이', '늦게'도 아마 '앞으로 일어날 일'과 관련되어, '느닷없이'는 '늦(徵候)+앗(접미사)+없이'로 '앞으로 예상할 수 있는 징후가 없이'라는 뜻일 것이고, '늦게' 역시 '늦+하게'로 '앞으로 오는 징조가 있게'라는 의미가 지금의 '늦게'로 변해 온 것이 아닐까 싶다.

또 '느낌'도 '늦(徵候)+김(氣運)'으로 어떤 일이 있을 것 같은 '징후'를 보인다는 뜻으로 보인다.

현장 구술 담화

"요새 저놈의 대까우 새끼는 누집 애기를 자꼬 물어뜯어야. 대까우 새끼가 <u>느자구</u> 없어 못쓰것다, 잡아묵어야것다. 저놈의 <u>느자구</u> 없는 대까우 새끼 잡아묵자."(요새 저놈의 거위는 누구의 집 아이를 자꾸 물어뜯어야. 거위 저놈이 <u>늘품</u>이 없어 못쓰겠다, 잡아먹어야겠다. 저놈의 <u>늘품</u> 없는 거위 새끼 잡아먹자.)(장흥군)

10 꼬라지
(화, 꼬락서니)

광주·전남에서 흔히 쓰는 말로 '고집을 피우거나 화를 내는 상태'를 '꼬라지'라는 말을 들을 수 있다.

'꼬라지'는 어디에서 온 말일까?

"혼자 꼬라지를 내고 난리를 부레서 젙에서 보도 못했어라."(혼자 화를 내고 난리를 부려서 곁에서 볼 수가 없었어요.)

'꼬라지'라는 말을 보면, '꼴+아지'인데, '꼴'은 표준국어대사전에는 '꼴'이 '겉으로 보이는 사물의 모양', '사람의 모양새나 행태를 낮잡아 이르는 말'이라고 풀이되어 있다. 즉 '꼴'이 '모습', '모양'을 나타내는 말로만 나와 있다. 그리고 실제 광주·전남에서도 '꼬라지'가 '모양새'나 '행색', '꼬락서니'를 의미하는 말로 쓰인다.

"저 꼬라지 허고 댕이는 거 좀 봐라."(저 하고 다니는 꼬락서니 좀 봐라.)

그런데 국어사전에서 '골'을 찾아보면 '비위에 거슬리거나 언짢은 일을 당하여 벌컥 내는 화'라고 풀이되어 있다. 이로 보아 '꼬라지'의 '꼴'의 의미가 원래 '골'에서 온 말로 보인다. 표준어 '골이 나다', '골을 내다', '골을 올리다' 등에서와 같은 '골'이 '꼴'로 경음화하여 '골아지(골+아지)〉꼴아지〉꼬라지'로 변한 모습이다.

이렇듯 '꼬라지'는 '화'와 '모양'이라는 두 가지 의미가 있으며, 둘 다 원래 '골'에서 출발하였고 '골'의 의미 역시 '모양', '화' 두 가지 뜻을 가진 말이었음을 추론해낼 수 있는 것이다. 현재도 '골'은 표준어에서 '화'를 뜻한다고 했지만 '볼품없는 모양새'를 뜻하는 '몰골' 등에서 '모양'으로 사용되고 있는 것을 본다.

---- **현장 구술 담화** ----

"넘한테 당허고 와서 이약헐 때 꼴따기가 나 각고, 비아가 나 각고 대개 비아 난 소리제, 잉. 보통 꼬라지, 꼴때기 났다고도 해. 허는 꼬라지가 맨맞잖허드락도 기양 참고 전대야제."(남에게 당하고 와서 이야기할 때 화가 나서, 부아가 나서 대체로 화가 난 소리지, 응. 보통 꼬라지, 꼴때기가 났다고도 해. 하는 꼬락서니가 마땅찮더라도 그냥 참고 견뎌야지.) (순천시)

제6장 사람과 호칭

11 거지꼴(거짓말)

사실이 아닌 것을 사실인 것처럼 꾸며 하는 말을 '거짓말'이라고 하는데, 광주·전남에서는 이를 '거지꼴', '거지깔'이라고 한다.

'거지꼴'은 어떻게 생겨난 말일까?

표준어 '거짓말'은 '겆+이+ㅅ+말'인데 '겆'은 '겉(表)'과 같은 뿌리로 보인다.

'거짓말'과 관련된 옛말은 '거짓', '거즈말', '거줏말' 등이었다. '거줏말〉거짓말'의 '슳다〉싫다'처럼 전설모음화한 모습이다.

그리고 '거지꼴[거:지꼴]'의 '꼴'은 그대로 '말(言)'과 대응되는 의미를 지니고 있는데, 이 '꼴'은 전남·제주의 '거짓갈'에서 보듯 '갈', '걸'로도 나타난다.

이렇게 '말(言)', '소리'와 관련되는 '골'은 '고래고래(소리지를 때)', '잠꼬대' 등에서 볼 수 있는데, 이들 '골', '고' 등도 관련이 있지 않은가 싶다.

그래서 '거지꼴'은 '겆(겉)+의(이)+꼴'로 마음속의 '참된 말'이 아닌 '겉의 말', '꾸미는 말'이라 할 것이다. 광주·전남에서 겉을 감싸 덮는 '거적대기'라는 말의 '겆'도 '겆(겉)+억+대기'로 '거지꼴'의 '겆'과 통하는 말이다.

전남의 무안 지역에서는 '거짓말'을 '거짓불[거ː진뿔]'이라고 하는데 이때의 '불'도 역시 '갈'과 같이 '말(言)'과 관련된 것임을 짐작하게 해 준다. '불'과 관련된 '부르다(呼)', '부리(새의 입)', '불다(고자질)' 등에서도 모두 '입(口)', 또는 '말(言)'과 관련된 어휘라는 것을 알 수 있기 때문이다.

다른 지역의 '거짓말'에 대한 말을 살펴보면 '거짓불', '거짓부리(강원·평안·함경)', '거짓부랭이(함경)' 등을 볼 수 있다.

---- 현장 구술 담화 ----

"거지꼴 허지 말고 된 대로 말해라. 된 대로 말허먼 갠찮다. 거지꼴 말고 그렇게 된 대로 일러바체라."(거짓말 하지 말고 사실대로 말해라. 사실대로 말하면 괜찮다. 거짓말 말고 그렇게 사실대로 일러바쳐라.)(광양시)

12 구짐머리(입버릇)

표준어 입에 배어 굳은 '말버릇'이나 '입버릇'을 좀 더 낮추어 말할 때 광주·전남에서 '구짐머리', '구정머리'라고 한다.

'구짐머리'는 어디에서 온 말일까?

좋지 않은 말버릇을 의미하는 '구짐머리'는 한자어 '구습(口習)'에서 왔다. '구습'은 '언어 습관', '입버릇'이고 '-머리'는 '소갈머리', '버르장머리', '인정머리' 등에서 볼 수 있는데, 대상을 별로 칭찬하고 싶지 않을 때 사용하는 접미사인 셈이다.

그래서 결국 '구짐머리'는 '구습머리'가 변한 말이다. '구습+머리'가 '구습머리>구십머리>구짐머리'로 '말 습관', 좋지 않은 '말버릇', '입버릇' 이란 말이다. 대체로 입버릇이 사나운 사람을 보고 '구짐머리가 사납다', '구십사납다'는 말을 사용한다.

그리고 상대방의 말이나 행동이 마음에 차지 않아 나무랄 때 광주·전남에서는 '머시라근다', '구사리한다'는 말을 사용한다. 이 중에서 '머시라근다'는 '뭣이라고 하다'는 말인 '뭣이라근다>머시라근다'로 변한 말이다. 자꾸 뭐라고 하니까 일이 잘 안 되는 것은 당연한데 그런 심리가 '머시라근다'를 '나무라다'는 의미로 바꾸어 간 경우라 본다. '머시라근다'는 '머라근다', '머란다'라고도 한다.

'구사리하다'는 자칫 '구사리'를 '구(입 口)'과 관련된 말로 착각하여 '구(口 입)+사리'로 볼 수 있을지 모르지만, 사실은 '핀잔', '면박'을 뜻하는 일본어 '구사리(腐り, くさり)'에서 온 말이다.

또 맞대어 놓고 언짢게 꾸짖거나 비꼬아 꾸짖는 일을 표준어로 '퉁바리'라고 하는데, 광주·전남에서는 이와 비슷한 경우의 말로 어른에게 야단맞을 때 '퉁맞다', '퉁어리맞다', '퉁사리맞다'는 말도 사용한다. '퉁'은 '퉁명스럽다'는 '퉁'과 같은 의미로 보인다.

현장 구술 담화

"성질 나쁘단 것을 <u>구짐머리</u> 사납다고 해, 조깐 그런 사람이 고약헌 놈이제. 아조 건달 반거철이 고런 것들이 <u>구짐머리</u>가 사납게 말을 해."(성질이 나쁘단 것을 <u>입버릇</u>이 사납다고 해, 조금 그런 사람이 고약한 놈이지. 아주 건달 반거충이 그런 것들이 <u>입버릇</u>이 사납게 말을 해.)(광주광역시 광산구)

제6장 사람과 호칭

13 오두방정(온갖 짓)

찬찬하지 못하고 몹시 가볍고 점잖지 못하게 하는 말이나 행동을 표준어로 '방정'이라고 한다. 이처럼 '방정맞은 행동'을 아주 강조하고 싶을 때 광주·전남에서는 '오두방정을 떤다'라고 말한다.

'오두방정'은 어떻게 생겨난 말일까?

여기에서 먼저 '방정'의 원래 의미를 알아보자. '방정'은 '방정맞다'에서 온 말이다. '방정(方釘)'은 돌을 깨거나 못을 박는 '네모진 정(釘)'을 말한다. 그래서 '방정맞다'라는 '모난 돌이 정 맞는다'에서 보듯이 '모난 정을 맞는다', 곧 '방정을 맞는다'라는 뜻이다. 그래서 '방정맞을 놈'이라는 말도 생겨났다.

'오두방정'은 우리나라 고려 시대의 행정구역인 '오도(五道) 양계'를 말할 때의 '오도'에서 따온 말이다. '오두'는 '오도(五道)' 즉, '우리나라', '온 세상' 모두를 일컫는 말이다. 그래서 '오두방정'은 온 '세상이 떠들썩할 정도의 방정'을 의미이다.

또 '팔두방정'이라는 말도 있다. 이것은 역시 조선 8도를 비유한 말이다. 이 '팔도'는 다음과 같이 단독으로 쓰이기도 한다.

"조선 팔도에 저런 <u>끼울뱅이</u>는 없을 거이다."(조선 팔도에 저런 게으름뱅이는 없을 것이다.)

또 이와 같이 어떤 상황을 강조하는 말로 여수·순천에서는 '천압시도', '망구에'라는 말이 있다.

"니는 혼차 <u>천압시도</u> 하리에(하루에) 요 일을 다 못헌다."
"느가부지(너의 아버지) 요새 <u>망구에</u> 편하다."

'천압시도'는 '천하(天下)+없이도'가 줄어든 말이다. '천하가 없어지더라도'라는 의미가 '아무리 기를 써도 ~(못하다)'로 뜻이 변한 말이다. '망구에'는 '아주 오랜 세월'을 뜻하는 '만고에(萬古에)'란 뜻이 '정말로', '세상천지에'라는 의미로 변한 말이다.

현장 구술 담화

"<u>오두방정</u> 떤다는 소리는 방정 떤다는 소리제. 허는 짓마다 방정맞게 <u>오두방정</u>을 떤다."(<u>온갖 방정</u>을 떤다는 소리는 방정을 떤다는 소리지. 하는 짓마다 방정맞게 <u>오두방정</u>을 떤다.)(광주광역시 광산구)

14 굴레씨염 (구레나룻)

　남자의 귀밑에서 턱까지 잇따라 난 수염을 표준어로 '구레나룻'이라고 하는데, 광주·전남에서는 이를 '굴레씨염'이라고 한다.
　'굴레씨염'은 어떻게 생겨난 말일까?

　먼저 '굴레씨염'은 '굴레'와 '씨염'으로 이루어진 말인데, '굴레'의 옛말은 중세국어에서부터 '굴에', '구레' 등이었다. 이 '구레'는 마소(馬牛)를 부리기 위하여 목에서 고삐에 걸어 얽어매는 줄, 현재의 '굴레(勒)'를 말한다.
　그래서 표준어 '구레나룻'은 '구레+나룻'인데 '굴레(구레)처럼 난 수염'을 의미한다. '나룻'의 옛말은 '날옷'인데, '날옷'은 수염을 뜻하는 순우리말이다. '날옷〉나룻〉나룻'으로 변한 말이다.

　나중에 '구레'는 '굴레'로 변화하게 되어 '굴레씨염'이 되는데, 역시 소의 머리에 얽매는 '굴레'처럼 생긴 '수염'을 말한다.
　'수염(鬚髥)'은 한자어이다. 그래서 '씨염'은 '수염〉시염〉씨염'으로 변한 모습이다. '수염(鬚髥)'의 '수(鬚)'는 '입가의 뻣뻣한 털이고', '염(髥)'은 '구레나룻'을 의미하는 한자이다.

'굴레씨염(구렛나룻)'을 가진 사람은 강렬한 느낌과 성격이 사나울 것이라는 선입견을 줄 수 있지만, 관상학적으로 '구레나룻'이나 턱 아래 수염은 좋다고 한다. 다만 '가고(家庫)'라 하여 귀 아래 뺨 쪽에 나는 털은 좋지 않은데, 이는 자기 집 곳간에 풀이 자라는 것과 같아서 풀이 자라 여기에 쥐가 들락거리면 곡식이 남아나지 않아 재물이 쌓일 수 없다고 하니 제모(除毛, 제거)하는 것이 좋다고 한다.

'구렛나룻'은 광주, 전남에서 대체로 다음과 같이 크게 '굴레-'와 '귀얄-'형이 사용되고 있다. 여기에서 '귀얄-'형은 '귀의 아래 부분'을 의미하며, '귀아래수염〉귀알쉬염'으로 변한 말이다.

'굴레쉬염'[담양·구례·보성·곡성·나주·무안·영암·진도·강진·장흥], '굴레시욤'[함평], '굴레쒸염'[신안·광양·고흥·완도], '굴레씨염'[여수·해남], '굴렛수염'[순천], '굴렛시욤'[화순], '괴얄쉬염'[담양], '괴얄시염'[장성], '귀알쉬염'[영광], '귀알쉬윰'[광주], '귀알심'[함평] 등이 사용되고 있다.

현장 구술 담화

"우에는 웃씨엄, 요 밑에는 아랫씨염, 여그 귀밑으로 굴레씨염이라고 말허자먼 산적같은 모양 안 있다고. 그런 사람이 시방도 있어, 굴레씨염 허고."(위에는 윗수염, 이 밑에는 아랫수염, 여기 귀밑으로 구레나룻이라고 말하자면 산적같은 모양이 있잖아. 그런 사람이 지금도 있어, 구레나룻을 하고.)(구례군)

15 총찬허다(모자라다)

무언가 하는 짓이 조금 모자라고 어눌한 아이를 광주·전남에서는 '총찬허다'고 말하고, 그러한 아이를 '총찮이'라고 한다.
'총찬허다'는 무슨 말에서 시작되었을까?

이 말은 '찬허다', '~찮다'로 끝나는 다른 말들을 찾아보면, 무언가 '시원치 않을 때' '씬찬허다'라고 하는 것처럼 '총찬허다'는 '총(聰)하지 아니하다' 즉 '총명(聰明)하지 않다'라는 말이다. '총하지 아니허다〉총찬허다'로 줄어진 말이다. 그래서 '총찬허다'의 반대말은 '총총하다'이고, '활력이 넘치거나 총명하다'라는 의미가 된다.

현장 구술 담화

"쪼깜 사람이 총찬거리고 모지랜듯 허니 그런 사람 총찬허다, 이 말 했다 저 말 했다, 그런 발뺌을 함께 총찬허다 그래."(조금 사람이 바보같이 모자란 듯 하는 그런 사람을 총찬허다, 이 말 했다 저 말 했다, 그런 발뺌을 하니까 모자라다고 그러지.)(나주시)

16 숭악허다(기특하다)

표준어에서 '이해가 밝으며 약다'라는 의미로 '영악하다'라는 말이 있는데, 이에 대응하는 광주·전남의 말은 '숭악허다'이다.

'숭악허다'라는 말은 어디에서 온 말일까?

이 '숭악허다'는 원래 성질이 '악하고 모질다'라는 의미인 '흉악하다(凶惡하다)'가 구개음화를 겪은 말이다.(흉악하다〉슝악하다〉숭악허다)

그래서 원래의 '흉악허다'의 뜻이 차츰 '아주 심하다', '영악하다', 때로는 '기특하다'라는 의미로 변하여 온 것이다. 그래서 광주·전남의 화자들은 다음 두 가지 의미로 사용하고 있다.

"숭악헌 촌이여"(형편없이 심한 촌스런 곳이여.)
"참말로 애기가 숭악허네."(정말로, 아이가 참 기특하네.)

'형편없다'와 '기특하다'라는 정반대 의미를 지닌 특이한 말이다.

현장 구술 담화

"약싹빠른 놈을 숭악허다고 하고, 또 멀 잘하고 영리하면 숭악허다 그래, 요때는 좋은 말이제."(약삭빠른 애를 숭악허다고 하고, 또 뭘 잘하고 영리하면 숭악허다 그래, 이때는 좋은 말이지.)(보성군)

17 지앙시럽다(짖궂다)

심하게 장난질을 하는 것을 보고 표준어로 '짖궂다'라고 말하는데, 이러한 '짖궂다'보다 좀 더 심한 장난기 섞인 행동을 광주·전남에서는 '지앙시럽다'라고 말한다.

'지앙시럽다'는 어디에서 온 말일까?

장난을 심하게 부리는 아이에게 부잡스러운 행동을 하지 말라고 할 때 여수·순천에서는 '지앙부리지 마라', '재앙부리지 마라'. '쟁부리지 마라'고 하고, 그러한 아이를 '쟁시럽다'라고 한다. 이런 말을 보면, '지앙'은 '재앙'에서 나온 말임을 알 수 있다. 다시 말하면 '지앙시럽다'는 원래 한자어 '재앙(災殃)'에 '-시럽다'가 합해진 말이다.

'재앙(災殃)스럽다', '재앙(災殃)부르다'의 '재앙'은 '뜻하지 아니하게 생긴 불행한 변고'. 또는 '천재지변으로 인한 불행한 사고'를 말하는 엄청난 뜻을 가진 말이었다.

이러한 의미가 차츰 아이들이 '짖궂은 행동을 하다', '부잡한 행동을 하다'는 뜻으로 의미가 변하게 된 말이다. '재앙스럽다>제앙시럽다>지앙시럽다'로 변하여 온 것이다.

또 어린아이들이 재미로 하는 짓이나 심심풀이 삼아 하는 놀이나 짓을 표준어로 '장난질'이라고 하는데, 전남 동부에서는 이를 '노락질'이라고 말한다. '노락'은 지금은 심심풀이 장난일 뿐인데, 원래의 의미는 '남을 약탈하는 행위'를 나타내는 한자어 '노략(擄掠)'에서 온 말이다. '노락질'은 쓰임의 범위가 확대되어 광양 등지에서는 '손장난'을 말하는 '손노락질'이라는 말도 있다.

'장난'도 원래는 '작난(作亂)'에서 나온 말인데 이 말도 본 의미는 '난리(亂離)를 부리는 일'이었다. 그 뜻이 차츰 '어린이들이 재미로 하는 놀이'로 뜻이 변하여 온 것이다.

현장 구술 담화

"말 안 듣고 말썽만 지기는 놈을 보고, 저런 <u>지앙시런</u> 새끼가 하이튼 <u>지앙시럽다</u> 그놈, <u>지앙시럽다</u> 개, <u>지앙시런</u> 놈이다."(말 안 듣고 말썽만 피우는 놈을 보고, 저런 <u>짓궂은</u> 자식이 하여튼 <u>지앙시럽다</u> 그놈, <u>지앙시럽다</u> 그래, <u>짓궂은</u> 놈이다.)(구례군)

제6장 사람과 호칭

18 골개리다(낯가리다)

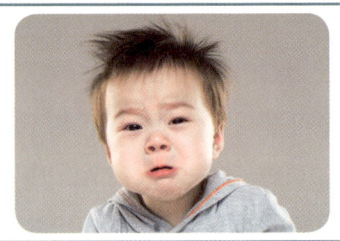

전남 함평, 영암 등에서는 아이가 낯선 사람을 대하기 싫어하는 태도나 표정을 '놈타다', '선낯허다'라는 말과 함께 '골개리다'라는 말을 사용한다. 표준어는 '낯가리다'이다.

이때 '골개리다'란 말은 무슨 뜻일까?

먼저 '골개리다'는 '골+개리다(가리다)'의 합성어인 것을 쉽게 짐작할 수 있다. 이때 '골'은 무엇을 의미하는지를 안다면 금방 해결될 듯하다.

국어사전에는 '골'은 '골이 나다', '골을 내다', '골을 올리다' 등에서와 같이 '벌컥 내는 화(火)'라고만 나와 있다. 그런데 '꼴'을 찾아보면 그 어원이 '골'이고 '사람의 모양새나 행태'라고 설명하고 있다.

"내 꼴이 우습다."(내 모습이 우습다.)

실제 '꼴'의 옛 형태인 '골'은 중세국어에서부터 등장하는데, 원래 '얼굴 모양이나 생김새'를 나타내는 말이었다. 현재 표준어의 '몰골'에서도 '골(모양새)'을 볼 수 있다. 표준어 '꼴값(얼굴값)'이나 광주·전남의 '꼴새', '꼴싼다구(모양새)', '꼬락상아리(모양새)' 등도 모두 '골〉꼴'의 경음화를 거친 모습이다.

그래서 '골개리다'의 '골'은 바로 '얼굴이나 모양새'이고, '개리다'는 사람의 좋고 싫은 것을 '가리다'는 뜻으로 '아이가 낯을 가리다'는 말이 된 것이다.

그리고 '골개리다'와 같은 의미로 사용되는 '선낫하다'에서 '선낯'은 '낯설다'에서 볼 수 있는 '설다'의 관형형 '선(설+은)'에 '낯'이 더해진 합성어라고 볼 수 있다. '설다'는 '서투르다', '서먹서먹하다', '어색하다'는 의미를 가진 말이다.

진도에서는 '놈타다'라는 말도 사용하는데, '놈'은 '남(他人)', 즉 '낯선 사람'을 가리키는 말로서 '놈타다'는 역시 '다른 사람을 피하다', '낯을 가리다'는 말이다. '낯개리다'는 '낯가리다〉낯개리다'로서 '골개리다'와 의미가 같다고 볼 수 있다.

표준어 '낯가리다'는 광주·전남에서 대체로 다음과 같은 분포를 보이고 있다. '선:낫허다'[영암·해남·강진], '놈타다'[진도], '골게리다'[장성·담양·곡성·함평·광산·나주·무안·화순·영암·보성], '낫개리다'[광양·영광·구례·함평·무안·신안·승주·강진·장흥·고흥·완도]

─── 현장 구술 담화 ───

"우리 싯차는 어찌 그리 <u>골개리는지</u> 몰라. 둘째보다 싯차가 훨씬 더 <u>골개리지요.</u>"(우리 셋째는 어찌 그리 얼굴을 가리는지 몰라. 둘째보다 셋째가 훨씬 더 <u>낯가리지요.</u>)(함평군)

19 빤득거리다
(뺀질거리다)

흔히 '여기 번쩍, 저기 번쩍하고 다니는 아이'를 광주·전남에서는 '빤득사니'라고 하고 이러한 행위를 하고 다니는 모습을 '빤득거리다', '빤득빤득허다'라고 말한다.

'빤득거리다'는 말은 원래 어떤 의미를 가지고 생겨난 것일까?

이 '빤득'은 원래 표준어의 '번득'에 대응하는 말인데, '아주 빠르다'라는 의미가 있는 말이다. 여기의 '번'은 '번개', '번득', '반짝' 등과 같은 뿌리에서 나온 '빛(光)'과 같은 의미이다. 즉 '번개'에서 보이는 '번'은 바로 '순식간에 움직이는, 반짝거리는 빛'을 의미하기 때문이다. '반딧불'도 반짝거리는 모습에서 나온 말이다.

이처럼 물체 따위에 반사된 빛이 잠깐씩 자꾸 나타나는 것을 표준어로 '번득대다'라고 하는데, 여기에 비유하여 '번쩍거리는 듯한 빠른 행동'을 '빤득거리다'라고 말했던 것이다.

그래서 '빤득거리다'는 말은 처음에는 재빠르게 빨리 왔다 갔다 하며 보였다, 안보였다 하는 아이의 '빠른 행동'을 의미하던 것이 나중에는 말을 잘 듣지 않고 제멋대로 놀면서 부모 '애를 태우는' 아이를 이르는 말로 뜻이 변하여 쓰이게 되었다.

이와 관련된 표준어 '뺀질거리다', '뺀질뺀질하다'라는 말이 있는데 표준국어대사전에는 '몹시 게으름을 피우며 맡은 일을 하지 아니하다', '요리조리 빼면서 자꾸 일을 열심히 하지 아니하다'로 풀이되어 있다.

현장 구술 담화

"왜 그러고 빤득거리냐? 말도 안 듣고 뻔득거리냐고. 일도 안 허고 말만 헤이고 그러먼 글제라. 왜 그러고 시긴 것은 안 허고 빤득거리고 댕기냐?"(왜 그렇게 뺀질뺀질하냐? 말도 안 듣고 뺀질거리냐고. 일도 안 하고 말썽만 일으키고 그러면 그렇지요. 왜 그렇게 시킨 일은 안 하고 뺀질뺀질하고 다니니?)(장성군)

---

20 실답잖다
(믿음성이 없다)

표준어의 '실업쟁이'에 해당하는 '실없는 말을 자주 하고 다니는 사람'을 광주·전남에서는 '실답잖이', '씨단네', '씨답쟁이'라 하고 그러한 행위나 말을 하는 경우를 일컬어 '실답잖다', '시답잖다'라고 한다.

'실답잖다'라는 어떻게 생겨난 말일까?

이 '실답잖다'는 '진실', '성실'의 한자어 '가득찰 실(實)'과 관련된 말로, '실(진실)+답지(스럽지)+않다〉실답잖다'로 줄어든 말이다. 국어사전에는 '실답다'는 말이 나와 있는데 '꾸밈이나 거짓이 없이 참되고 미더운 데가 있다'라고 설명되어 있다.

광주·전남에서는 다음과 같은 발화를 흔히 접할 수 있다.

"가시내가 실답잖은 소리만[소리만:], 실답잖은 소리만 허고 자빠졌네잉."(계집아이가 실없는 소리만, 실없는 소리만 하고 자빠졌네.)

그래서 '실답잖다'는 '말하는 내용이 믿음성이 없다'라는 의미에서 차츰 '사람의 행동이 하찮고 믿음성이 없다'라는 뜻으로 그 의미가 확장되어 간다.

그리고 이러한 '실답지 않다〉실답잖다'처럼 축약의 모습은 광주·전남에서 '남세스럽다'와 '다닐랍디요(다닐답디여)' 등에서도 볼 수 있다.

짐작할 수 있는 바와 같이 '남세스럽다'는 '남 우세스럽다〉남세스럽다'로 줄어든 말인데 서남부에서는 주로 '놈세시럽다'로 사용되고 '동북부 지역에서는 '넘세시럽다'로 쓰인다. 그리고 '다닐랍디요'는 '다 아는 일 아닐랍디요(다 아는 일 아닐라던가요)'가 줄어든 말인데, 지역에 따라서 '다닐로(러), 다닐로라이' 등으로 사용되기도 한다. 동의를 구하는 상대의 요구나, 당연한 사실을 주고받는 대화에서 맞장구를 쳐 주는 응답으로 표현한 말이다.

현장 구술 담화

"<u>실답잖지요</u>, 잉 이 할머니. <u>실답잖은</u> 이야기 다 해부러서 어쩌지. <u>실답잖은</u> 노인이랑 상께 6개월이 댕게 관절이 대 불데. 치료를 안 허고 시나부로 나섰제. 그찍에 불쌍허니 삼시롱, 노인네허고."(<u>믿음성이 없지요</u>, 응 이 할머니. <u>믿음성 없는</u> 이야기 다 해버려서 어쩌지. <u>믿음성 없는</u> 노인이랑 사니까 육 개월이 되니까 관절이 문제가 돼 버렸어요. 치료하지 않고 천천히 나았지. 그때 불쌍하게 살면서, 노인과 함께.)(순천시)

21 타갰다(닮았다)

사람 또는 사물이 서로 비슷한 생김새나 성질을 지니다는 의미의 '닮았다'라는 말을 광주·전남에서는 '타갰다'라고 말한다.

'타갰다'라는 말은 어떻게 생겨난 말일까?

이 '타갰다'는 말은 표준어의 '외탁(外託)하다', '친탁(親託)하다'란 말에서 왔다. '외탁'은 '생김새나 성질 따위가 외가 쪽을 닮았다'리는 뜻이고, '친탁'은 '친가 쪽을 닮았다'라는 뜻이다.

그래서 '타갰다'란 말은 표준어 '외탁하다', '친탁하다'에서 '탁하다'의 과거형 '탁했다'가 '탁했다〉타갰다'의 변화를 보인 말이다. '탁하다'는 '닮다'는 의미이다. 국어사전에 '탁하다'는 말은 없다.

현장 구술 담화

"너는 얼굴이 엄마하고 방사방사허다. 늑 엄마허고 비슷해, 그느 엄마 <u>타갰다</u>. 아따 느그 아부지 <u>타개</u> 갖고 힘이 좋다."(네는 얼굴이 어머니하고 비슷비슷하다. 너의 엄마하고 비슷해, 너의 어머니 <u>닮았다</u>. 아따 너의 아버지 <u>닮아서</u> 힘이 좋다.)(영암군)

07 동물과 식물

이 장에서는 우리 주변에 흔하게 볼 수 있었던, 사람들과 생사고락을 함께하는 '가축과 짐승', 그리고 생활 주변의 '물고기', '곤충', '벌레', '나무와 풀', '꽃' 등의 어휘에 대한 말뿌리를 살펴볼 것이다.
이들 모두는 바로 오랜 세월 우리와 함께 지내 온 이 땅의 진정한 주인공이라고도 말할 수 있을 것이다.

강생이	뿌락대기	말똥개비	찌께벌레
세발낙지	노랑조시	달구가리	뚝니
대붙이다	졸복쟁이	나도감	참꽃
자장개비	자마리지심		

01 강생이(강아지)

　표준어 '강아지'에 해당하는 광주·전남의 말 '갱아지', '강아지'는 광주·전남 전역에 두루 분포하고, '강생이'는 대체로 전남의 동부 일부, 경남 지역과 접경하고 있는 지역에서 나타난다.
　'갱아지'와 '강생이'가 만들어진 과정을 살펴보자.

　우선 '개'는 옛말은 '가히'였다. 아마 개가 짖는 소리를 '가히'라고 인식하여 의성어를 차용한 듯하며, 형태는 '가히〉가이〉개'로 변한 것이라 보인다.
　'갱아지', '강생이'는 접미사 '-아지'와 '-생이'에 의해 구분되는데, 이들 접미사는 모두 '작다', '귀엽다'라는 의미를 지니고 있다. 그래서 '갱아지'는 '개(犬)'에 '어리다'는 의미의 접미사 '-(ㅇ)아지'가 붙어(개+ㅇ아지) '갱아지'가 된 모양이다. 이런 말은 표준어 '송아지(소+ㅇ아지)', '망아지(말+ㅇ아지)' 등에서도 볼 수 있다.

　그리고 '강생이'는 '강아지'의 '강'에 '-생이'가 붙어서 생긴 말이다. '-생이'는 '염생이(염소)', '괴생이(고양이)', '망생이(망아지)' 등의 동물을 가리키는 낱말에서도 쉽게 찾아볼 수 있다. '강생이'를 제외한 다른 '염생이', '괴생이', '망생이' 등의 동물은 꼭 작은 새끼만을 나타내는 말은 아니다.

"저놈우 염생이가 노무 놈새를 다 뜯어묵어 부네."(저놈의 염소가 남의 남새를 다 뜯어 먹어 버리네.)

꼭 어린 새끼만을 일컫는 말이 아니라 보통의 염소, 고양이, 말을 위와 같이 부르기도 하기 때문이다.

현장 구술 담화

"괴 한 마리를 강생이 두 마리가 쫄쫄 따라댕이드라. 저 강생이가 고망 쥐맹이로 여그 볼금 저그 볼금 헌당께."(고양이 한 마리를 강아지 두 마리가 쫄쫄 따라다니더라. 저 강아지가 귀여운 녀석같이 여기 불쑥 저기 불쑥 한다니까.)(여수시)

02 뿌락대기(황소)

큰 수소를 말하는 '황소'를 광주·전남에서는 크게 서부에서 '뿌사리', '부사리', 동부에서 '뿌락대기', '부락대기', '부래기'라 한다.
'뿌락대기', '부사리' 등은 어디에서 온 말일까?

먼저 '황소'를 보자. '황소'의 옛말은 '한쇼(중세국어)'로서 '한'은 '한길(大路)', '한숨(탄식)'에서와 같이 '크다'라는 뜻을 가진 말이었다. 그래서 '한쇼〉한소〉황소'가 되었다. '황소'는 '누런 소'가 아닌 것이다. 이것은 '황새'가 원래 '큰 새'라는 의미로 '한새'였던 것이 '한새〉황새'로 바뀐 모습과 같다.

주로 전남 동부에서 보이는 '뿌락대기(뿔+악대기)', '부락대기'는 '뿔(角)'에 '-악대기'라는 접미사가 첨가된 말이다. 이 '-악대기'는 '강렬한', '아주 세찬'이라는 의미인데, '-악대기'가 붙은 말은 '소락대기(소리)', '쏘낙대기(소나기)'에서 볼 수 있다. '소리+악대기', '쏘나+악대기'로 이루어진 말이다.

그런데 '부사리(불+ㅅ+아리)', '뿌사리(뿔+ㅅ+아리)', '부래기(불+애기)' 등의 '-아리', '-애기'는 '작다'라는 의미를 지닌 접미사로, '뼁아리(병아리)', '싸래기(싸라기)' 등에서도 볼 수 있다. 이렇게 본다면 '뿌락대기'와 '부사리(부래기)'는 지금은 둘 다 '황소'지만 원래는 지칭하는 대상이 달랐다고 본다. 표준어에서도 '작은 수소'를 '부룩소', 작은 수송아지를 '엇부루기'라고 하는 점을 눈여겨본다면, '부래기', '부사리'의 '불'은 '뿔(角)'보다는 수놈으로서의 '종자(種子)'나 '씨'를 뜻하는 '불알(고환)'과 같은 '불'의 의미를 가졌다는 생각이 든다. 그리고 '뿔'은 암소도 나기 때문에 굳이 '부사리', '뿌사리', '부래기'를 '뿔(角)'과 관련짓지는 않았을 것이란 생각이다.

'황소'를 일컫는 말은 위에서 말한 것 외에도 지역에 따라서 '뿌가리', '뿌갈치', '뿌닥지', '뿌라시', '뿌럭지', '뿌락지', '쑥소' 등 다양하다.

그리고 아주 어린 송아리를 광주·전남에서는 주로 '쇠앙치', '쉬앙치'라고 하는데, 장성 등에서는 이를 '목사리'라고 부른다. 소의 코를 뚫기 전에 목에다 고삐를 메어서 데리고 다닌다는 의미이다.

──── **현장 구술 담화** ────

"뿌사리, 인자 억신 놈, 또 싸나운 거 보고 <u>뿌락대기</u>라 글고. <u>뿌락대기</u>가 싸납다고, 그런 수놈보다 또 뿌사리라 개."(황소, 이제 억센 놈, 또 사나운 것을 보고 <u>뿌락대기</u>라고 하고, <u>황소</u>가 사납다고, 그런 수놈을 일컬어 또 뿌사리라고 해.)(광주광역시 광산구)

제7장 동물과 식물

03 말똥개비(말똥구리)

　여름철에 말똥이나 쇠똥을 구슬 크기로 굴려 굴속에 저장하고 그 속에 알을 낳아 성충, 애벌레의 먹이로 쓰는 곤충을 표준어로 '말똥구리', '소똥구리(쇠똥구리)'라고 한다.
　이제는 어디에서도 찾아보기 힘든 이 '말똥구리'를 광주·전남에서는 '말똥개비'라고 한다.
　'말똥개비'은 어떻게 만들어진 말일까?

　원래 표준어 '말똥구리'는 '말똥'에 접미사 '-구리'가 합해진 말이거나, '말똥+구르(굴리다)+이'로 볼 수 있을 것인데, 어떻든 '말똥구리'는 '말똥'과 함께 지내는 녀석이다.
　그리고 광주·전남의 '말똥개비'의 '-개비'는 그냥 '땅개비(방아깨비)' 같은 곤충에서 볼 수 있는 접미사이다. 물론 '달구개비(닭의장풀)', '따개비(바닷가 작은 조개류)', '자장개비(삭정이)' 등에서 볼 수 있듯이 곤충만이 아닌 '동식물의 작은 것'에도 붙기도 한다. 그래서 '말똥개비' 역시 말똥을 가지고 무언가를 하는 곤충을 일컫는다.
　표준어 '말똥구리'와 같은 의미로 쓰이는 말은 '소똥구리'이다. 사실은 시골에 말(馬)이 별로 없어서, 소똥만 있는 곳에서도 소똥을 둥그렇게 만들어서 굴리고 가는 모습을 어린 시절 학교에 오가면서 더러 볼 수 있었는데, 이 곤충은 말똥이나 소똥을 가리지 않았던 것 같다. 그래서 두 가지 이름이 생겨난 것이라 보인다.

'말똥구리'는 정교하게 마치 구슬처럼 동그랗게 만든 똥을 한참 굴리고 가다가도, 사람이 가까이 다가오면 동그란 소똥 뒤에서 엎드려서 쉬었다가, 사람이 지나가고 나면 다시 굴리고 가는 모습을 볼 수 있었다. 혼자 소똥을 밀고 가기도 하고, 두 마리가 함께 밀고 가기도 한다. 전설 속의 곤충이 되어가고 있다.

---- 현장 구술 담화 ----

"<u>말똥개비</u>가 똥글똥글 맨들아, 소똥으로도 허고 말똥으로도 허고, <u>말똥개비</u>가 있어라. 앞에서 잡아 댕기고 뒤에서 밀고 가라. 즈그 집 지슬랑가 <u>말똥개비</u> 밀고 간다."(말똥개비가 동글동글 만들어, 소똥으로도 하고 말똥으로도 하고, <u>말똥구리</u>가 있어요. 앞에서 잡아 다니고 뒤에서 밀고 가요. 자기 집을 지으려는지 <u>말똥구리</u>가 밀고 간다.)(나주시)

04 찌께벌레(사슴벌레)

앞의 턱이 집게 모양으로 갈라져 있는 검은 갈색을 띤 표준어 '사슴벌레'와 대응되는 광주·전남의 말은 '찌께벌레', '찌께'이다.

'찌께벌레'는 '찌께+벌레'이다.

'찌께'는 광주·전남에서 '집게'를 의미한다. 그래서 입이 '두 손으로 집게처럼 집는 모양'을 한다고 하여 '찌께벌레' 또는 '찌께'라고 하는 것이다. '찌께벌레'를 여수·순천에서는 '참나무찌께'라 하고, 뽕나무에서 자라는 '장수하늘소'는 '뽕나무찌께'라고 한다.

현장 구술 담화

"어, 찌께, 찌께벌레, 거 참나무에가 많이 있는디, 우리 어렜을 때는 고 거 찌께벌레 물리먼 손구락 짤라진다 글고, 뽕나무에가 씨염이 진 거 뜰레미라 그래, 그것 우리 보고 소리 내그든."(어, 집게, 사슴벌레, 그것 참나무에 많이 있는데, 우리 어렸을 때는 그것 사슴벌레 물리면 손가락 잘라진다 그리고, 뽕나무에 수염이 긴 거 뜰레미라 그래, 그것이 우리에게 소리를 내거든.)(영암군)

05 세발낙지(작고 가느다란 낙지)

낙지 중에서 가장 작은 낙지를 광주·전남에서는 '세발낙지'라고 한다. 주로 날것으로 즐겨 먹는다. '세발낙지'는 어떻게 생겨난 말일까?

'세발낙지'의 '세발'은 '발 셋이 짧다고' 해서 이름을 붙였다는 설과, '가느다란(細) 발을 가진' 낙지라 해서 그렇다는 설이 있다.

지역 화자들은 대체로 '가늘다(細)'라는 의미로 알고 있는 것 같다. '세발짱뚱이'라는 것도 작고 가늘게 생긴 짱뚱어이기 때문이다.

그러나 실제 낙지로 생업을 하는 어부들은 낙지의 종류는 모두 하나이고, 그 크기에 따라서 '대낙지', '중낙지', '세발낙지', 잡는 방법에 따라 삽으로 잡는 '가래낙지', 팔(손)을 깊이 구멍으로 넣어서 잡는 '폴낙지(손낙지)', 구멍으로 유인하는 '구멍낙지(묻은낙지)', 통발을 이용하는 '통발낙지', 낚싯줄로 잡는 '주낙낙지' 등으로 구분한다고 한다.

현장 구술 담화

"낙지는 종자가 한 가지라. 잔 거 <u>세발낙지</u>, 아주 늙은 거 대낙지. <u>세발낙지</u>가 발이 가눎고 새끼."(낙지는 종류가 한 가지라. 잔 거 <u>세발낙지</u>, 아주 늙은 것 대낙지. <u>세발낙지</u>가 발이 가늘고 새끼.)(신안군)

06 노랑조시 (노른자위)

계란에서 알의 흰자위에 둘러싸인 동글고 노란 부분을 표준어로 '노른자위', '노른자'라고 하는데, 광주·전남에서는 '노랑자', '노랑조시', '노랑창'라고 말한다.

'노랑조시'의 어원은 무엇일까?

'노랑조시'는 '노랑+조시'인데, '조시'를 알면 이 말의 정확한 뜻을 알 수 있을 것이다. 우선 '눈동자'를 뜻하는 옛말을 보면, '눈ᄌᆞᇫ', '눈ᄌᆞ이' 등이 나온다. 이 'ᄌᆞᇫ'는 어떤 물건의 '중심 부분', '핵심(核心)'을 일컫는 말인데, '눈ᄌᆞᇫ'는 '눈의 핵심', '눈동자(瞳子)의 정중앙'을 말한다. 그래서 '노랑조시'는 '노른ᄌᆞᇫ'로 볼 수 있으며, 역시 계란의 '노란 핵심 부분'이라고 말할 수 있다.

그리고 이 '노랑조시'는 'ᄌᆞᇫ'의 ㅿ음을 유지하고 있는 고형에 해당한다고 볼 수 있다.

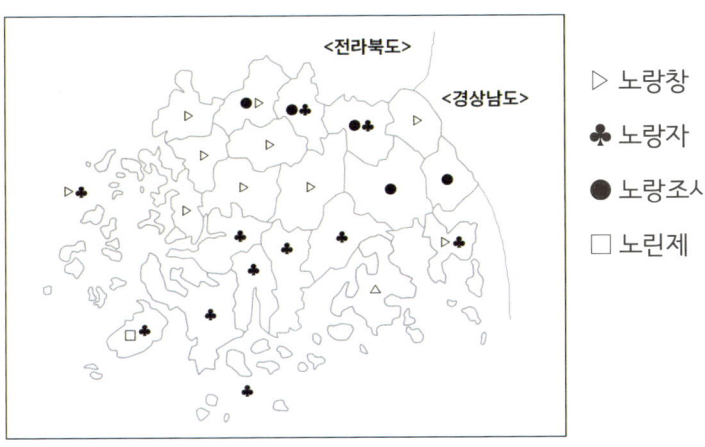

'노랑조시'는 '노른ᄌᆞᅀᅵ〉노란조시〉노랑조시'의 변화과정을 거쳤고, 표준어 '노른자위'는 '노른ᄌᆞᅀᅵ〉노른자의〉노른자위'로 변해 왔음을 짐작할 수 있다.

'노랑자', '노린제' 등도 '노른ᄌᆞᅀᅵ'의 변이형이라는 것을 짐작할 수 있고, '노랑조시'라고 말하는 지역에서는 '흰자위'도 '흰조시'라고 말한다.

---- **현장 구술 담화** ----

"달걀 두 개면 크롱을 샀어. 달걀 노란 것을 <u>노랑조시</u>라 글고 흰 디는 <u>흰조시</u>라 그래. 깨져서 흰조시가 흘렀다 글고, <u>노랑조시</u>, 눈에 흰조시가 큰 사람도 있어."(계란 두 개면 크레파스를 샀어. 계란 노란 것을 <u>노랑조시</u>라 하고 하얀 데를 흰조시라 그래. 깨져서 흰자위가 흘렀다고 하고, <u>노른자위</u>, 사람도 눈의 흰자위가 큰 사람도 있어.)(순천시)

07 달구가리 (닭 어리)

　병아리나 닭 따위를 임시로 가두어 기르기 위하여 채를 엮어 만든 임시 둥우리를 표준어로 '어리'라고 하는데, 광주·전남에서는 '달구가리'라고 한다.
　막 깨어난 병아리는 혼자 먹이를 찾아 나서기도 힘들고, 특히 솔개나 매, 밤에는 족제비, 고양이의 먹이 표적이 되므로 조심스럽게 보호해야 할 필요가 있었기 때문에 일정 기간은 이 '달구가리'에 가두어 두고, 또 낮에는 밖에 돌아다니다가도 밤에 다시 이곳에 들어가도록 해야 한다.
　'달구가리'는 어떻게 만들어진 말일까?

　먼저 표준어의 '어리'는 어원을 '얽다(縛, 동여맬 박)'에서 찾을 수 있다. 대나무나 싸릿대로 얽어 놓은 임시 닭집을 말하는 것으로 '얽이(얽+이)〉어리'로 변해 왔을 것이다.
　'달구가리'는 '닭의가리(닭+의+가리)〉달긔가리〉달구가리'이다. 즉 '닭의 가리'인데 이 '가리'는 '가리다(덮다)'에서 나온 말로 보인다. 그래서 닭을 가리고 보호하는 물건이 되는 것이다.

　'닭의가리〉달구가리'로 변화한 모습은 '달구똥(닭의 똥)', '달구새끼',

'다구새끼(닭의 새끼)', '달구털(닭의 털)' 등에서도 그대로 적용된다.

그리고 '달구장태'라는 말이 있는데, 이것은 닭이 잠을 자고 지내도록 건물에 붙어 있는, 제대로 지은 '닭장'을 말한다. 역시 '닭+의+장태'로, '장태'는 '장(帳, 천막장)+테두리'의 뜻으로 볼 수 있으며 '닭의 집'을 뜻하는 말이다.

현장 구술 담화

"뼁아리를 달구가리로 덮어 놓제. 솔찮이 크도록까지는 달구가리에다가 가다 놓고 물도 주고 그랬제. 글 안 허먼 솔갱이가 채 가."(병아리를 어리로 덮어 놓지. 상당히 크도록 어리에 가두어 놓고 물도 주고 그랬지. 그렇지 않으면 솔개가 채어 가.)(장성군)

08 뚝니(큰 이)

예전에는 머리나 속옷에 이가 많았다. 아주 작은 이를 표준어로 '가랑니'라고 하는데, 광주·전남 지역에서는 이를 '개랑니', '까랑니'라고 하고 큰 이를 '뚝니', '톰박니', '바콩니' 등으로 불렀다.

위생이 청결해지고 나면서부터 이는 모습을 감추게 되었지만 이와 관련되는 떼어놓을 수 없는 용어가 많았다.

'뚝니', '톰박니', '바콩니'는 어떻게 생겨난 말일까?

우선 표준어의 '가랑니'의 '가랑'은 '가랑비' 등에서 볼 수 있는 '가느다란'이라는 뜻을 가진 말이다. 그래서 '가랑니'는 아주 작고 가느다란 이를 일컫는 말이었다. 중세국어에서 '가루(粉)'를 'ᄀᄅ'라고 하고, 근대국어에 '가랑비(細)'를 'ᄀᄅ빙'라고 한 것으로 보아 '가랑니'도 'ᄀᄅ+이'를 생각해 볼 수 있으며, 가루처럼 작은 이를 말한다. 'ᄀᄅ비〉가랑비'가 되었듯이 'ᄀᄅ이〉가랑니'로 'ᄀᄅ'와 '이' 사이에 ㅇ이 첨가된 것으로 본다.

이 중에서도 큰 이를 '뚝니[뚱:니]'라고 했는데, '뚝니'는 이를 손톱으로 죽일 때 소리가 '뚝' 소리가 날 정도로 크다는 의미를 지닌 것으로 보인다. 또 '톰박니'는 어떤 물건의 한 '도막이나 되는'이라는 의미가 있는 듯하다. 이런 말을 하는 지역에서는 '나무토막'의 '토막'을 '톰박'이라고 부르기 때문이다. '바콩니'는 '밭의 콩처럼 큰 이', '밭콩이〉밭콩니〉바콩니'의 뜻으로 보인다.

이는 '챔빗(참빗)'으로 잡았는데, '뚝니'처럼 큰 이는 빗으면 모두 떨어지지만, '개랑니'나 '써까래', '쎄까래', '써케(이의 씨)'는 너무 작아서 잘 안 빗어진다. 그래서 참빗보다 더 촘촘한 '쎄훌치', '써훌치'라는 빗을 사용했다. '쎄훌치'는 '쎄+훑+이'로 '쎄까래, 써케(이의 씨)를 훑는다'라는 뜻이다.

현장 구술 담화

"어리빗 말고 챔빗으로 빗었제. 크고 통통한 <u>뚝니</u>, 그랑께 우리덜 애기 때는 검나, 째깐헌 개랑니도 많았고, 그 <u>뚝니</u>라고 크고 통통한 거, 이가 알을 나 놓으면 그걸 써케라고 했어라."(얼레빗 말고 <u>참빗</u>으로 빗었지. 크고 통통한 <u>뚝니</u>, 그러니까 우리들 어릴 때는 아주 많아, 작은 가랑니도 많았고, 그 <u>뚝니</u>라고 크고 통통한 것, 이가 알을 까 놓으면 그것을 써케라고 했어요.)(광주광역시 광산구)

09 대붙이다(암구다)

소, 돼지 등 '짐승의 교미를 붙이다'는 뜻으로 표준어로 '암구다'라는 말이 있다. 광주·전남에서는 여러 형태가 쓰였는데, 주로 전남의 동부에서는 '갓붙이다'는 말이 쓰이고, 서부 쪽에서는 '대붙이다', '불붙이다', '수붙이다', '배붙이다' 등이 사용되었다.

'대붙이다'는 어떻게 생겨난 말일까?

먼저 여수·순천·광양에서 보이는 '갓붙이다'를 보자. '갓붙이다'는 '갓+붙이다'인데, '갓'은 앞의 '가시내'(6장)에서 보았듯, '여자', 또는 '아내(妻)'를 가리키는 말이었다. 이 '갓붙이다'는 '암컷(갓)을 붙이다', 또는 '암컷(갓)과 교배(交配)하다'라는 뜻으로 해석할 수 있다.

이것은 역으로 '암컷을 수컷과 교배하다'라는 말로 전남 서부에서는 '수붙이다'는 말을 사용한다. '수컷과 교배를 하거나', '수컷을 붙이다'는 뜻이다.

또 '불붙이다', '배붙이다'라는 말도 쓰였는데, 이때 '불'은 '불알(고환)'에서 보듯 '씨', '종자(種子)', '수컷의 정자'를 의미한다. 광주·전남에서 동물이 '교미를 하는 행위', '흘레하는 행위'를 '불붙다'라고 하고 '교미를 시키는 것'을 '불붙이다'라고 한다.

'배붙이다'의 '배'는 대체로 '교배하다(交配)' 보다는 '배(腹)를 붙이다'는 의미로 볼 수 있다. 이러한 정황으로 보아 '대붙이다'는 '배붙이다〉대붙이다'로 음운 변이한 모습이 아닌가 싶다.

그리고 '갓붙이다'를 사용하는 지역에서는 소나 돼지가 발정하는 것을 '갓내다'라고 말하고, '수붙이다'를 쓰는 지역은 역시 '수내다'라고 하였으며, '배붙이다', '대붙이다' 지역은 '배내다', '대내다' 등의 말을 자연스럽게 사용하였다.

---- 현장 구술 담화 ----

"우리 소가 대가 났다, 대붙이로 가자. 오늘 소 대붙이로 가자, 잉. 교미를 시키는 것을 대붙인다 그래요. 우리 소가 대가 났다. 대붙이러 가자, 잉."(우리 소가 발정이 났다, 암구러 가자. 오늘 소 암구러 가자, 응. 교미를 시키는 것을 대붙인다 그래요. 우리 소가 발정이 났다. 암구러 가자, 응.)(장흥군)

10 졸복쟁이(올챙이)

개구리가 낳은 알에서 깨어난 민물에 사는 작은 '올챙이'를 전남의 완도 등지에서는 '졸복쟁이'라고 한다.

'졸복쟁이'는 무슨 의미일까?

'졸'은 '족'과 비슷한 의미가 있는 '작은', '폭이 좁은'이라는 말인데, 표준어에서도 '족'은 '족집게', '족박(쪽박)' 등에서 볼 수 있다. 그리고 '졸'은 광주·전남에서 행동이나 마음 씀씀이가 작고 좁은 사람을 '졸갑시럽다'고 하고, 모를 심을 때 사이를 좁게 띄는 행위를 '졸묵다'고 말하는 데서도 찾아볼 수 있다.

그래서 '졸복쟁이'는 '졸+복쟁이'인데, '졸'은 '작다'라는 뜻이고, '복쟁이'는 '복어'를 말하는 광주·전남의 말이다. 결국 '졸복쟁이'는 '작은 복어'라는 의미이다. 올챙이가 마치 '작은 복어'의 모습을 닮았다고 해서 붙여진 이름으로 보인다. 복어는 배가 똥똥하게 생기고 독성이 강하여 잘못 조리를 하여 먹으면 중독을 일으켜 사람이 죽기도 한다는 물고기를 가리킨다.

전남의 동부 일부 지역에서는 올챙이를 그냥 '복쟁이'라고 부르기도 한다.

 '올챙이'를 무안에서는 '방망치'라고 하고, 진도에서는 '꿀방맹이'라고 하는데, 올챙이가 마치 '방망이' 모양을 닮았다는 의미이다. 광주·전남 대부분 지역에서 '방망이'를 '방망치', '방맹이'라고 하기 때문이다.

 이제 시골에 가도 냇가나 도랑에서 예전에 그 흔하던 올챙이가 별로 없다. 밤에 논두렁이나 산모퉁이를 걸어갈 때 개똥벌레가 나는 모습이나 밤하늘에 울려 퍼지던 개구리 울음소리도 이젠 옛날이야기가 되었다. 뜸부기가 '뜸뜸' 울어대고 파란 물총새가 냇가를 쏜살같이 날던 모습을 우리 후손들이 다시 볼 수 있을까?

현장 구술 담화

"깨구락지도 있고 졸복쟁이도 있고. 졸복쟁이라고 깨구락지 댕 거. 졸복쟁이가 커서 깨구락지 대제. 꼬리 달린 거 졸복쟁이라 그래. 올챙이라 글기도 하고."(개구리도 있고 올챙이도 있고. 올챙이라고 개구리가 되는 것. 올챙이가 커서 개구리가 되지. 꼬리가 달린 것 졸복쟁이라고 해. 올챙이라고 하기도 하고.)(완도군)

11 나도감(고욤)

감 중에서 아주 작은 감, 표준어의 '고욤'을 광주·전남에서는 주로 '굉감, 괴양감', '갱감', '먹감', '멩감', '땡감'이라고 하는데 영암·나주·영광 등지에서 '나도감'이라고 한다.

'나도감'은 어떻게 생겨난 말일까?

먼저 '먹감'은 이 감의 속 색깔이 대체로 먹처럼 까맣다고 해서 붙인 이름이다.

그리고 '굉감', '괴양감', '고양감', '갱감' 등을 살펴보면, '굉감', '괴양감'은 원래 '고양이'를 의미하는 광주·전남의 말이 '괴', '괴양이'이기 때문에 '고양이'를 빗대어 지어진 듯하며, '갱감'은 '개'에 이끌려 생긴 이름으로 보인다. 즉 비록 감처럼 생겼지만, 실제 감 구실을 하지 못한다는 의미에서 '고양이감(굉감, 괴양감, 고양감)', '개감(갱감)'이라는 뜻으로 이렇게 부른 것이라 보인다.

쉽게 말하면 '굉감'과 '갱감'은 '괴(고양이)'와 '개'에 ㅇ이 첨가된 모습으로 볼 수 있는데, 이러한 모습은 '개아지(개+아지)>갱아지', '개발>깽발(앙감질)' 등에서 찾아볼 수 있다.

혹은 '굉감', '괴양감', '고양감'은 '고욤감'이 '고욤감〉고양감〉괴양감〉굉감'처럼 음운변화를 겪은 말이라 볼 수도 있다.

'나도감'이란 말은 아무도 감 대우를 하지 않아서 '나도 감이다'고 당당하게 말하는 일종의 선언을 하는 '고욤'의 심정을 헤아려서 지어낸 말인 것으로 보인다.

너무 작아서 먹을 것이 없었지만 그래도 감이 귀하던 시절에 찬서리 맞아 홍시가 되면 몇 개 따서 맛을 보던 기억이 있다.

---- 현장 구술 담화 ----

"나도감도 있고, 나도감은 겁나 째깐해. 땡감이 더 크지요. 꼬깜 깎는 것은 땡감이고, 나도감은 '나도 감잉갑다' 그래 갖고 그 이름을 짅는 개비여라."(고욤도 있고, 고욤은 아주 작아. 땡감이 더 크지요. 곶감 깎는 것은 땡감이고, 나도감은 '나도 감인가 보다' 그래서 그 이름을 지었던 것 같아요.)(영광군)

12 참꽃(진달래꽃)

봄이 시작되면 가장 먼저 앞동산에서는 '진달래꽃'이 핀다. 이 '진달래꽃'을 광주·전남에서는 '참꽃'이라 부르고 '철쭉'은 '개꽃'이라고 부른다.

'참꽃'은 어디서 온 말일까?

먼저 표준어 '진달래꽃'을 보자. '진달래'는 중세국어 어형이 '진들외'인데 '진(眞)+달외(들꽃)'으로 보는 견해가 있다. 그래서 '진달래'의 '진(眞)'과 '참꽃'의 '참'은 같은 의미로 보인다. '참'은 '참칡(먹기 좋은 칡)'이나 '참옻'처럼 '참다운', '좋은'이라는 뜻이다.

이에 비해 광주·전남에서 '개꽃'은 '철쭉'을 말한다. 연분홍의 '참꽃(진달래)'이 지고 나면 이제 본격적으로 '개꽃(철쭉)'이 진하게 피어난다. 표준어 '철쭉'의 옛말은 '텩튝', '텰듁', '철쥭' 등을 볼 수 있는데, 한자어 '정촉(躑躅)'에서 온 말일 가능성이 크다고 한다.

새금한 맛이 나는 '참꽃'은 부드럽고 언제든지 손 닿는 것이면 입가가 붉어지도록 따 먹으며 한 웅큼 쥐고 내려오곤 했는데, 이에 비해 '개꽃'은 먹을 수가 없고 꽃술이 끈적끈적하여 손으로 만지기가 거북스럽다. '개꽃'을 '참꽃'으로 착각하여 먹다가 죽을 뻔한 아이도 있었다.

'참'과 관련된 말은 이 밖에도 '상수리'에 해당하는 전남의 동부 지역의 '참도토리'라는 것이 있다. '참도토리', '왕도토리'는 작고 길쭉한 '개도토리'에 비해 '둥글고 굵은 도토리'를 말한다. '도토리'는 옛말이 '도토밤', '도토왐(두시언해)'이었는데 이는 '돝(猪)+의(矣)+밤(栗)'으로 '돝'은 '돼지'를 말하므로 '도토밤'은 '돼지의 밤(栗)'을 말하는 것이다. 표준어 '상수리'는 상수리나무(橡)의 열매인 '상실(橡實)'이 '상수리'가 된 말이다.

또 칡 중에서도 먹기 좋고 단물이 많이 나오는 것을 이르는 '참칡', '밥칡', '가리칡', '떡칡' 중 '참칡'은 역시 먹기 좋은 칡이다. 이와는 달리 줄기가 가늘고 질겨서 씹어 먹기가 힘들고 뻣뻣한 칡은 '물칡', '나무칡' 등으로 불렀다.

현장 구술 담화

"아, 진달래, 참꽃, 참꽃 따다가 문지 부체 묵자. 새껏으로 묵기도 했제. 참꽃 고것 먹기도 허고 옛날에는 술도 담고 따 묵고 그랬어."(아, 진달래, <u>진달래꽃</u>, <u>진달래꽃</u> 따다가 부침개 부쳐 먹자. 곁두리로 먹기도 했지. <u>진달래꽃</u> 그것 먹기도 하고 옛날에는 술도 담고 따서 먹고 그랬어.)(완도군)

13 자장개비(삭다리)

  살아 있는 나무에 붙어 있는, 말라 죽은 가지를 표준어로 '삭정이'라고 한다. 이에 대한 광주·전남의 말은 아주 많지만, 크게 '삭다리', '새깽이', '자장개비' 등을 들 수 있다.
  '자장개비'는 무슨 뜻을 가진 말일까?

  먼저 광주·전남의 '삭정이'에 대한 3가지 유형은 '삭(싹, 짝)-', '자장-', '새-'형인데, '삭-', '자장-'형은 전남 전역에 두루 분포하고, '새-'형은 주로 동부에 많이 보인다.
  우선 '삭다리', '싹다리'의 '삭(싹)'은, '삭다', '썩다'라는 의미가 있는 말로 차츰 '싹다리', '짝다리'로 변해간 것이라 보인다.

  '새깽이', '새까지', '새깨비'의 '새'는 '사이〉새'로 변한 것이다. 나무의 큰 가지 사이에 붙어 있다는 의미이다.

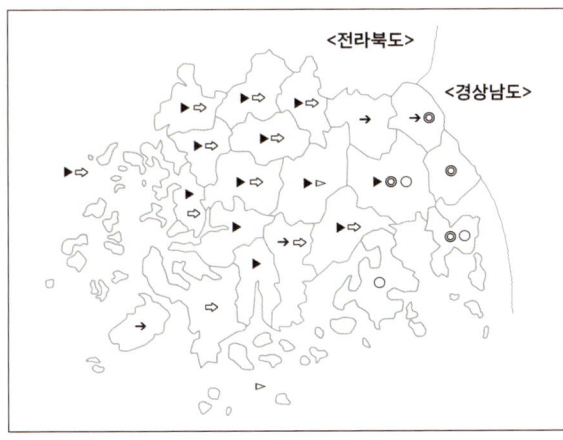

▶ 삭다리
➔ 썩다리·싹다리
⇨ 자장개비
▷ 자장가리
○ 새까리·새깨비
◎ 새깽이

'자장개비'는 '작은 가지'를 의미한다고 본다. 작은 것을 광주·전남에서는 '자잘하다', '잘잘하다'고 하기 때문에 '자잘+앙+개비'로 만들어진 말이다. '개비'는 역시 작은 가지를 말하는 '새깨비', '전깨비'에서와 같다.

그리고 같은 의미로 '전깨비'는 '곁개비(곁+개비)'〉'젙개비〉전깨비'로 '곁에 붙어 있는 작은 가지'를 말한다.

현장 구술 담화

"<u>자장개비</u>"로 불을 때지요. 쏘시개로 쓰는 나무가 <u>자장개비</u>거든요. 갈쿠나무 다 긁고 따요. 쏘시개 겸 쓰는 나무가 <u>자장개비</u>."(<u>삭정이</u>로 불을 때지요. 쏘시개로 쓰는 나무가 <u>삭정이</u>거든요. 갈퀴나무 다 긁고 나서 따요. 불쏘시개 겸 쓰는 나무가 <u>삭정이</u>.)(함평군)

14 자마리지심(쇠비름)

표준어 '쇠비름'을 무안 등지에서 '자마리지심'이라고 한다.
'자마리지심'은 어떻게 생겨난 말일까?

이 말은 우선 '자마리+지심'으로 이루어진 말인 것을 알 수 있는데, '자마리'는 '잠자리'의 서부 전남의 말이다. 그래서 '자마리지심'은 풀의 모양이 '잠자리'처럼 생겼다고 해서 붙여진 이름이다.

'지심'은 밭이나 들에서 자라는 잡초인 표준어 '김'을 말하는데, 중세국어의 '기슴'으로 보아 '지심'은 △을 유지한 고형이다.

현장 구술 담화

"자마리지심 요것이 자마리겉이 생갰응게 자마리지심이라 그랬어요. 자마리지심이란 것 잘 지났어."(쇠비름 이것이 잠자리같이 생겼으니 자마리지심이라고 했어요. 자마리지심이라는 이름 잘 지어 놓았어.)(무안군)

08

자연과 시간

이 장에서는 '계절과 날씨', '하루의 때와 시간'을 일컫는 말과 '자연 현상', '공간' 위주로 그 말뿌리를 살펴볼 것이다. 우리는 비교적 좋은 자연환경을 물려받았지만, 그래도 혹독한 겨울이나 빈번히 찾아오는 가뭄과 홍수 등의 악조건 속에서도 오늘의 기적을 이루어 내었다. 이러한 조상들의 고난 극복 의지와 지혜를 바탕으로 앞으로 닥칠 어떤 난관도 이겨낼 수 있으리라 생각한다.

가실	시안	고페	새복
정때	쑥서리바람	쏘내기	북새
핸비짝			

01 가실(가을)

4계절의 하나인 '가을(秋)'을 대체로 광주·전남에서는 '가실'이라고 한다. '가실'은 어떻게 생겨났을까?

'가실'은 그 변화과정을 면밀히 살펴보지 않으면 어원을 밝혀내기가 쉽지 않다.

먼저 '가을'과 관련되는 옛말을 보면 중세국어에 'ᄀᆞᄉᆞᆯ(츄 秋)', 'ᄀᆞᄉᆞᆯㅎ(가을)'이 나오고, 근대국어에 'ᄀᆞᄋᆞᆯㅎ(츄 秋)', '가을'이 등장한다. '가을'을 시대적으로 살펴보면 '가솔, ᄀᆞᄉᆞᆯ〉ᄀᆞᄋᆞᆯ〉가을'로 변해왔음을 짐작할 수 있다.

그래서 광주·전남의 '가실'은 'ᄀᆞᄉᆞᆯㅎ', 'ᄀᆞᄉᆞᆯ'의 ㅅ, ㅿ이 탈락한 표준어와는 다르게 'ᄀᆞᄉᆞᆯ, ᄀᆞᄉᆞᆯ〉가실'의 모습으로 고어 형태(古形)을 유지하고 있는 모습이다.

그러면 'ᄀᆞᄉᆞᆯㅎ', 'ᄀᆞᄉᆞᆯ'은 원래의 의미는 무엇이었을까? 'ᄀᆞᄉᆞᆯㅎ', 'ᄀᆞᄉᆞᆯ'은 그 근원을 중세국어 'ᄀᆞᆺ다'에서 찾아야 한다는 견해가 우세하다. 중세국어의 'ᄀᆞᆺ다'는 '끊다', '자르다(切)'라는 의미가 있는데, 옛말 'ᄀᆞᄉᆞᆯㅎ', 'ᄀᆞᄉᆞᆯ'은 'ᄀᆞᆺ+올'로 보아 추수 때가 되어 다 자란 '곡식을 자르는' 계절이라는 의미로 볼 수 있다. 동사 'ᄀᆞᆺ다'의 어간에 '-울/-을'이 붙어 명사가 된 것인데, 이러한 명사 조어법은 '구들(굳+을, 구들장)', '이불(니블[닙+을]) 이불, 덮는 이불)'에서도 볼 수 있다.

실제 광주·전남의 '가실'은 단순히 계절의 '가을'만이 아니라, '추수(秋收)하는 계절', '곡식을 거두어들이는 때'라는 의미에 가깝다. '나락가실', '보릿가실'도 '벼와 보리를 추수하는 계절', 또는 '벼와 보리 수확'을 말하는데 '보릿가실'의 계절은 봄이다. 그래서 '가실'의 원 의미를 '(곡식을) 자르다(切)'에서 찾을 수 있다고 본다.

'가위(鋏子)'도 옛말이 'ᄀᆞᄉᆡ', 'ᄀᆞᆺ애'(ᄀᆞᆺ+애)였는데, 물건을 자르는 도구인 것을 생각하면 '가을'의 'ᄀᆞᅀᆞᇂ', 'ᄀᆞᄉᆞᆯ'(ᄀᆞᆺ+을)과 함께 'ᄀᆞᆺ(자르다)'을 공통적으로 가진 말임을 알 수 있다. 광주·전남에서 '가실허다', '가슬하다'는 '추수하다'라는 뜻이 있다.

현장 구술 담화

"아이 가실깨 잘 파라. 가실에 물 쏙 빠져라고 가실깨 파. 가실깨에 벨 거이 다 있제. 가실깨를 팠는디 짚이 파농께 좋다."(얘야 논 가을 개울<물도랑>잘 파라. 가을에 물이 쏙 빠지게 가을 개울 파. 논 개울에 별것이 다 있지. 가을 개울을 깊이 파 놓으니까 좋다.)(장성군)

02 시안(겨울)

'겨울'을 뜻하는 광주·전남의 말은 주로 '시안'과 '저실'이다.
'시안'은 어디에서 온 말일까?

먼저 표준어 '겨울'과 광주·전남의 '저실'의 어원을 비교하며 살펴보자. '겨울'의 옛말은 중세국어에서 '겨슬'이었는데, 표준어에서는 '겨슬〉겨을〉겨울'의 변화를 보였고, 광주·전남에서 '겨슬〉저슬〉저실'이 되었다. '겨슬'의 '겨'는 '겨시다', '계시다'는 의미로 '겨슬'은 '집에 계시는 계절'이라는 뜻을 가진 말로 볼 수 있다. '겨집(겨시다+집)〉계집'과 같은 변화형이다. 그래서 '겨슬'도 농사일을 마치고 '집에 있는 계절' 정도로 추측하여 볼 수 있다.

이러한 변화는 '가을'이 15c에 'ᄀᆞ슬', '가슬ㅎ'이었는데 나중에 광주·전남에서 'ᄀᆞ슬〉ᄀᆞ실〉가실'이 된 것을 보면 더욱 그럴듯하다. 'ᄀᆞ슬'의 의미는 '곡식을 거두어들이는 계절'이라는 의미이고, '겨슬'이 '집에 계시는 계절'이라는 의미로 생각되어, 뒤에 '때(時)', '계절'이라는 말이 생략된 말일 가능성이 크다. 실제 지역 화자들은 '가을'을 '가실 때'라고도 말한다.

그러면 '시안'은 어디에서 온 말일까? '시안'은 원래 한자어 '세한(歲寒)'에서 온 말이다. '세한'은 '설 전후의 추위'라는 뜻으로, '매우 심한 한겨울의 추위'를 의미한다. '세한〉시한〉시안'으로의 변화를 생각해 볼 수 있다. '시안'은 광주·전남 전역에서 사용되는 말이다.

기나긴 '시안'의 혹독한 추위와 배고픔에 대비하여 자손들을 먹여 살릴 식량과 의복을 구비하는 일, 바로 이것이 우리 선조들의 수천 년 거듭되는 사명이었을 것이다. 그 정신을 고스란히 물려받아 오늘의 우리가 여기 있는 것이다.

현장 구술 담화

"<u>시안</u>에 모다 검불나무 뜯은 것, 옥달, 모도 그런 거 저런 거. 가을에 해서 <u>시안</u>에 땔 놈이 철나무, 풀만 빈 것은 검불나무지요, 검불만 낭께."(<u>겨울</u>에 대개 검불나무라고 뜯는 것, 억새, 모두 그런 것 저런 것. 가을에 해서 <u>겨울</u>에 땔 것이 철나무, 풀만 벤 것은 검불나무지요, 검불만 있으니까.)(해남군)

03 고페(글피)

　모레의 다음 날을 표준어로 '글피'라고 하는데, 광주·전남에서는 '고페'라고 한다. '고페'는 어디서 나온 말일까?

　먼저 표준어 '글피'를 보자. '글피'의 옛말은 '글픠'로서, '그+앒+의'가 줄어든 말이다. 단순히 '그 앞에'라는 뜻이었다. 예전에는 '앞'을 '앒'이라고 했으니, '글픠(그앒의)'는 '그 앞에'라는 의미이고 '그앒의〉그앏픠〉글픠〉글피'로 변화해 왔을 것이다. 즉 '내일', '모레' 다음의 '그 앞'이니 '그 앞의 날'은 '글피'가 되는 것이다.

　이렇게 본다면 광주·전남의 '고페'도 그 변화를 쉽게 짐작할 수 있다. 광주·전남에서는 '그것'을 흔히 '고것', '그놈'을 '고놈'이라고 말하고 있으니, '그앒의'를 '고앒의'라고 했을 것이다. 그래서 '고앒의〉골픠〉골페〉고페'로 변해 왔다. '고페'는 역시 '그 앞에'라는 뜻이다. 표준어 '그글피'도 광주·전남에서는 '그고페'라고 한다.

　또 표준어 '그저께', '그제'의 옛말을 살펴보면 '그적의', '그저긔'였다. 그래서 '그적의〉그저끠〉그저께/그제'를 생각해 볼 수 있다. '그적의'라는 말은 '그(其)+적(時)+의(조사)'로서 '적'은 '때(時)'를 의미하므로 '그적의'는 역시 '그때에'라는 단순한 의미를 지니고 있었다. 나중에 시간이 흐르면서 '그때', '그 무렵'을 의미하던 '그저께', '그제'가 차츰 '어제의 전날'을 이르는 뜻으로 변해 온 것이다. 광주·전남에서는 '그지께'라고 한다.

'그제'를 경상도에서는 '아래', '저아래', '아래께', 충북에서 '그아래', 경기도에서는 '그러끼'라고 한다. 광주·전남의 '아리깨'는 '상당히 지나버린 며칠 전'을 의미한다.

'고페'는 전남 전역과 경남·전북을 제외하고는 찾아보기 힘들다. 대부분 '글피(글페)'이고, 경북은 '모레', '내모레', 경남은 '모레고페', '내모레' 등 전혀 다른 어형이다. 참고로 '모레고페'는 전남과 경남의 접경지 경남 쪽 5개 군(사천·진주·고성·통영·거제)에서 사용되는 말이다. 경남의 '모레'와 전남의 '고페'가 서로 영향을 주고받아 두 말이 합쳐져 하나의 합성어가 된 특이한 모습이다. 이러한 접경지에서는 두 말이 합쳐지기도 하고, 각자의 일부분만을 결합하여 혼성형(혼효)이 만들어지기도 한다.

현장 구술 담화

"니는 그그지께 나보고 낼 만나자 그래서 그지께 만났응께, 인자 안 만나도 되는 중 알고 잊어불고 있었제. 그랑께 모레, <u>고페</u>가 장잉게 잊어 불지 말고 꼭 항꾸네 가야 혀."(너는 그그제 나에게 말하기를 내일 만나자 그래서 그제 만났으니, 이제 안 만나도 되는 줄 알고 잊어버리고 있었지. 그러니까 모레, <u>글피</u>가 장날이니까 잊어버리지 말고 꼭 함께 가야 해.)(광주광역시 광산구)

04 새복(새벽)

먼동이 틀 무렵인 '새벽'을 광주·전남에서는 '새복'이라고 한다.
'새복'은 어디에서 온 말일까?

먼저 표준어 '새벽'을 보자. '새벽'은 '새+벽'으로 이루어진 말인데, '새'는 우리말 '동쪽', '새로운'이라는 말이고, '벽'은 한자어 '벽(闢 열리다)'으로서 '새벽'은 '동쪽이 열리다'는 의미로 볼 수 있다.

그런데 '새벽'의 옛말들을 찾아보면 중세국어에서는 '새박', '새배', 근대국어에서 '시벽', '새벽' 등이다. 그래서 '새벽'은 원래 '새박(새붉〉새밝〉새박)'으로 '동쪽이 밝아오다'로 보는 견해가 우세하다. 그리고 나중에 한자어 '벽(闢 열릴 벽, 劈 깨뜨릴 벽)'의 영향으로 '새벽'으로 바뀐 것으로 보인다.

표준어에서 '새붉〉새박', 그리고 나중에 '새벽'으로 바뀐데 비하여, 광주·전남의 '새복'은 '새붉〉새복'이 지금까지 내려 온 것이라 볼 수 있다. 이렇게 본다면 표준어 '새벽'은 '새박'이 '벽(闢, 劈)'의 영향을 받아 우리말+한자어인 '새벽'이 되었지만, 광주·전남의 '새복'은 옛 어형을 그대로 간직한 순우리말이라 할 수 있다.

지금도 '새박'은 강원·경북·평안·함경 등지에서 사용되는 방언형이다. 그리고 '새복'은 제주를 제외한 남한 전남 전역에서 사용되는 어형이고, 전남, 경남·북에서 '새북'도 사용되고 있다.

현장 구술 담화

"봄으로 산에 갈 찍에 '어이 외양치 파로 가세', 그렇게 많이 해. 팔나무 그래 각고 새복으로 허고 또 내려와서 밥 묵고 밥 싸 각고 가서, 많이 비논 놈 뭉꺼 각고 나두고 또 한 짐 비 놓고 오요. 그렇고 새복으로 한 20일 씩 내랬소."(봄에 산에 갈 적에 '어이, 외양치 파로 가세', 그렇게 많이 해. 팔나무를 그래서 새벽에 하고 또 내려와서 밥 먹고 밥 싸 가지고 가서, 많이 베어 놓은 놈 묶어 가지고 놔두고 또 한 짐을 베어 놓고 오요. 그렇게 새벽에 한 20일씩 내렸소.)(순천시)

05 정때(오후 나절)

   표준어의 '점심때'를 광주・전남에서는 '정때', '정참', '정나절(정나잘)'이라고 한다.
   '정때'란 어디에서 온 말일까?

   우선 표준어 '점심'을 보자. '점심'은 한자어 '점심(點心)'이다. '점심'은 '선종(禪宗)' 스님들이 수도를 하다 시장기가 돌 때 마음에 '점을 찍듯 아주 조금 먹는 음식'을 가리키는 말이라고 한다. 그리고 광주・전남의 '정심[정:심]'은 '점심'이 변한 모습이다.
   이렇게 본다면 '정때[정:때]'는 '점심때'가 줄어든 말이다. 그러나 '정때'는 단순히 '점심때'만을 의미하지는 않는다. 이 말은 '점심때'를 의미하기도 하지만, 점심때를 지나서 '오후 내내'의 시간을 말하기도 하여 '오후 한나절'과 비슷한 의미이기 때문이다.
   '정때'는 표준어 '점심나절'과도 다르다. '점심때를 앞뒤로 한 반나절'을 의미하는 '점심나절'은 광주・전남에서는 '정나절[정:나절]', '정나잘'이라고 한다.
   그리고 '아침'에는 '아침때'라고 하지 않은데, '점심'에는 '정때'라는 '때(점심때)'가 붙어 다니는 특징이 있다.

여기에서 특이한 것은 광주·전남의 '점심때'를 의미하는 '점심참'이다. '새참(아침과 점심 사이에 먹는 곁두리 음식)'을 먹는다고 할 때 '참'은 '먹을 것'을 의미하지만, '점심참'에서는 '참'이 대체로 '때(시간)'를 의미한다는 특징을 지니고 있다.

또 '정때(점심때)'가 지나고 해가 서쪽으로 넘어가는 일, 또는 그런 때를 표준어로 '해거름', '해름'이라고 하는데, 광주·전남에서는 이러한 때를 '해름참', '해그름판', '해름판'이라고 한다. 이 중 '해름참'은 '해'에 옛말 '어스름(어스름, 해가 넘어갈 무렵)'이 합성된, '해+어스름+참'으로 보인다. '해어스름참〉해어름참〉해름참'의 변화를 생각해 본다.

현장 구술 담화

"일 잠 시길라고 했등마 <u>정때 내</u> 어디 돌아댕기다가 밥도 안 묵고 인자 <u>해그럼판</u>이 됭께 끼대 들어오냐? 우리는 <u>정때 내</u> 요로코 검나 많이 안 했냐."(일 좀 시키려고 했더니 <u>오후 내내</u> 어디 돌아다니다가 밥도 안 먹고 이제야 어스름 때가 되니 기어들어 오느냐? 우리는 <u>오후 내내</u> <일을>이렇게 아주 많이 했잖니.)(순천시)

06 쏙서리바람
(회오리바람)

　표준어 '회오리바람'은 '돌면서 거세게 밀려오는 바람'을 말하는데 원래의 뜻은 '높이 솟아 기둥처럼 밀려오는 바람'을 말한다. 이 바람을 광주·전남에서는 '쏙서리바람', '소소리바람'이라고 한다.
　'쏙서리바람', '소소리바람'은 어떻게 생겨난 말일까?

　먼저 표준어 '회오리바람'의 '회오리'는 '회(돌다 廻)+올(오른다 上昇)+이(접미사)'로서 '돌면서 오르는 바람'을 말한다. 그리고 '소소리바람'의 '소소리'는 '높이 솟는다'라는 의미를 갖는 '솟'과 '위로 오른다'는 '올(오르)'에 접미사 '-이'가 붙어 '솟올이(솟+올+이))소소리'가 된 말임을 짐작할 수 있다.

　전남 동부의 '쏙서리'도 이 '소소리'가 음운변이를 일으킨 말이다. '솟올이〉소소리〉쏫소리〉쏙서리'일 것이다. 이러한 '솟'은 '솟을대문', '솟구치다' 등에서도 볼 수 있다.

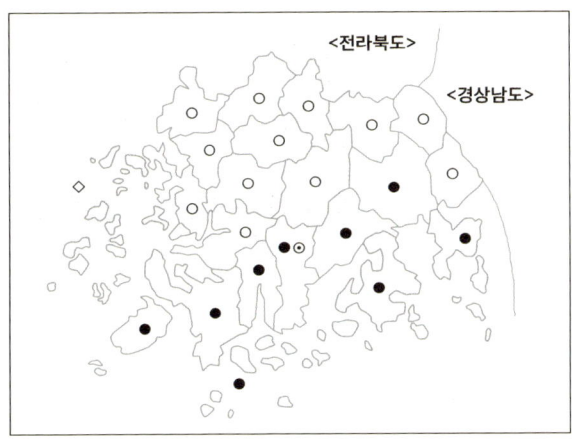

'회오리바람'은 바람이 부는 모습이나 그 특징이 '돌아오르다'에 초점이 맞추어져 있고, '소소리바람', '쏙서리바람'은 '솟아오르다'는 의미를 강조한 말로 보인다.

전국적인 방언 분포는 크게 '회오리바람', '소소리바람', '도래바람' 등 세 가지 유형으로 분류되는데, 이렇게 본다면 '회오리바람'에 대한 명명(名稱)은 '돌다(도래바람, 돌개바람)'와 '솟아오른다(소소리바람, 회오리바람)'라는 의미를 공통적으로 반영하는 말이다.

현장 구술 담화

"쏙서리바람이 불어서 다 날래 부렀드라. 바람이 요롷게 돌려 부는 바람이 쏙서리바람이라 그래요. 쏙서리라 그러기도 해."(회오리바람이 불어서 다 날려 버렸더라. 바람이 이렇게 돌아서 부는 바람이 쏙서리바람이라 그래요. 쏙서리라 그러기도 해.)(진도군)

07 쏘내기(소나기)

'소나기'는 민간어원적 해석이 많은 말이다.

'농부 둘이서 저 구름 속에 비가 들었는지 아닌지에 대하여 소를 내기 했다'는 이야기는 너무나 잘 알려진 이야기다. 광주·전남에서는 '쏘내기', '쏘낙대기' 등으로 말한다.
 그러면 '쏘내기'는 어떻게 생겨난 말일까?

 먼저 표준어 '소나기'는 중세국어 '쇠나기(소나기)'에서 찾아볼 수 있다. '쇠+나기'인데, '쇠(祁 세차다)'는 '몹시', '심히'라는 의미를 지니고 있고, '나기'는 '내리는 것'을 가리키고 있다. 그래서 '쇠나기'는 '세차게 내리는 것'이라는 의미를 지니고 있다. 그리고 차츰 '쇠나기'는 '소나기'로 변해 온 것이다.

 옛 문헌에서 '쇠'는 '쇠나기' 말고도 '몹시 추울 때'를 '쇠치운 저기'라고 했고, '여러 개의 화살을 쏘아 한꺼번에 나가는 기구'를 '소뇌'라고 하였는데, 이들 어휘에서 보이는 '쇠', '소'도 '세차게', '한꺼번에'라는 의미를 지닌 말이다.

'쏘내기'는 이처럼 '세차게 내리는 것'이라는 '쇠나기'가 차츰 '쇠나기〉소나기〉쏘내기'로 단모음화, 전설모음화, 경음화를 겪은 것이다.

그 밖에도 전남의 광양 등지의 '소낙때기'는 '소나기'에 강한 의미를 지닌 접미사 '-악대기'가 합한 말로 '소+나+악대기'이다. 이 접미사는 '뿌락대기(황소)', '소락대기(큰소리)', '쪼락대기(감이나 배 등의 과일이 주렁주렁 열린 모습)'에서도 볼 수 있다.

또 광주·전남에서는 소나기를 '짝달비', '악수'라고도 한다.

---- 현장 구술 담화 ----

"<u>쏘내기</u>지 그것은 <u>쏘내기</u>가 온다. 에 <u>쏘내기</u>, 짝달비라고도 혀. 짝달비 온다고, 짝달비가 오네, 막 쏟아지는 것을 아따 <u>쏘내기</u>가 모도 쏟아지네, 오네."(소나기지 그것은 <u>쏘내기</u>가 온다. 예 <u>소나기</u>, 짝달비라고도 해. 짝달비 온다고, 짝달비가 오네, 막 쏟아지는 것을 아따 <u>소나기</u>가 아주 쏟아지네, 오네.)(구례군)

08 북새(아침노을)

아침 하늘이 햇살로 벌겋게 보이는 현상을 표준어로 '아침노을', 해 질 무렵 노을을 '저녁노을'이라 한다. 이 둘을 구분 없이 광주·전남에서는 '북새'라 하고, 물론 아침에는 '아침북새'라고도 한다.

'북새'는 어떻게 생겨난 말일까?

'북새'는 '붉은색의 구름'이니, '북'은 '붉다(赤)'라는 의미와 어떤 물체에 붙는 접미사 '-새'가 합해진 말이다. 혹은 '새'를 '새벽'의 '새'가 동쪽을 말하는 것으로 본다면 원래 '동쪽에 붉은 것', '아침노을'이라 볼 수도 있을 것이다.

현장 구술 담화

"<u>북새</u>는 아칙에도 뜨고 저녁에도 서쪽 하늘에 뜨먼 <u>북새</u>가 떴다고 그래. 아침북새가 뜨먼 비가 온다든가 그랬제."(<u>아침노을</u>은 아침에도 뜨고 저녁에도 서쪽 하늘에 뜨면 <u>북새</u>가 떴다고 그래. <u>아침노을</u>이 뜨면 비가 온다든가 그랬지.)(고흥군)

09 핸비짝(한쪽)

'어느 하나의 편이나 방향'을 표준어로 '한쪽'이라고 하는데, 광주·전남에서는 '핸비짝', '핸피짝', '한피짝'이라는 말이 쓰인다.
'핸비짝', '핸피짝'은 어디서 나온 말일까?

"니는 쩌리 핸비짝에 가 카만히 있어야."(너는 저리 한쪽에 가서 가만히 있어라.)

'핸비짝'의 가운데 'ㅂ'가 궁금하다. 이 'ㅂ'는 '쪽'의 옛말이 '뽁'이었기 때문에 ᄡ의 ㅂ이 살아난 말이다. 이것은 마치 '쌀'의 옛말이 '뿔'이었기 때문에 '해'나 '조'와 결합한 합성어에서는 '해+뿔〉햅쌀', '조+뿔〉좁쌀' 등으로 ㅂ이 살아난 것과 같은 이치이다.
표준어에서 '한쪽〉한쪽'으로의 변화를 겪었다면, '핸비짝'은 '한+뽁'이 '한쪽〉한비쪽〉핸비짝'으로 변해 온 것이다.

현장 구술 담화

"합벡하고, 초벡은 <u>핸비짝</u>만 붙애요. 벡이 있으면 여그 양옆에다 붙애야 할 것 아니어요. 여그 핸비짝에 붙이는 것을 초벡이라 그래요."(합벽을 하고, 초벽은 <u>한쪽</u>만 붙여요. 벽 여기 양옆에다 붙여야 할 것 아닌가요. 여기 한쪽에 붙이는 것을 초벽이라고 해요.)(담양군)

09 감정 표현

이 장에서는 일상생활에서 느껴볼 수 있는 사람들의
'감정 표현'을 나타내는 어휘에 대하여 살펴볼 것이다.
이미 '제6장, 사람과 호칭', '특징적인 사람의 모습'에서도
관련된 내용을 다루었다. 이렇게 감정을 표현하는
섬세하고 다양한 어휘들을 보면 새삼 지역민들의
깊이 있고 정감 어린 삶을 헤아려 볼 수 있을 것 같다.

마챙가지 뿌담씨 아슴찮이 포도시
허천나다 오살나게

01 마챙가지(같음)

표준어 '마찬가지'는 사물의 모양이나 일의 형편이 서로 같은 상태를 말하는 명사이다. 광주・전남에서는 '마챙가지'라고 한다.

'마챙가지'는 어떻게 만들어진 것일까?

원래 표준어 '마찬가지'는 '마치+한가지(一種類)'가 줄어들어서 이루어진 말이다. 그 둘은 너무나 비슷해서 '마치 한 가지'처럼 둘이 서로 똑같다는 의미로 사용되기 때문이다.

그래서 '마챙가지'는 '마치 한가지>마찬가지>마챙가지'로 축약과 전설화를 보인 말인데, '한가지'가 '하나' 또는 '한 가지 종류'라는 뜻이니 '마치 하나와 같음'이라는 뜻이다.

'마챙가지'와 비슷한 말로 광주・전남에 '도새[도:새]'라는 말과 '팽야'라는 말이 있다. '어차피', 이리저리하다가 '결국'에 해당하는 뜻이다.

"니 가지가 봤자 도새 나한테 조야 허꺼인디 멀라 뺏아야? 도새 나 꺼이다."(가져가 봤자 결국 나에게 줄 것을 뭣 하려고 뺏니? 어차피 내 것이다.)

"그라고 따듬아 밨자 팽야 나무 양판이제, 쌔꼿 양판 되겄어?"(그렇게 다듬어도 나무 양푼이 쇠 양푼 되겠어?〈결국 촌스런 모습이지〉)

위의 '도새'는 '어찌어찌하다가 돌아서'라는 의미로 본다면 우리말 '돌다(回)'가 그 뿌리인 듯하지만, 이 말은 일본어 '어차피', '결국'에 해당하는 '도우세(どうせ)'에서 온 말이다. 되도록 사용하지 말아야 할 순화 대상인 셈이다.

'결국'을 의미하는 '팽야'는 원래 의미를 알기 힘들다.

현장 구술 담화

"우리라고 장어랑 마챙가지라, 비슷해. 꼬리만 뱀 닮았제, 장어나 머 마챙가지라. 배지가 누러고, 요새는 통 우리가 안 베기데. 논두렁 구녕 다 뚫고, 옛날에는 우리를 많이 잡았제. 사보로 찔러 불면 피가 많이 나요."(드렁허리라고 장어랑 마찬가지라, 비슷해. 꼬리만 뱀을 닮았지, 뭐 장어와 마찬가지라. 배가 누렇고, 요새는 통 드렁허리가 안 보이더군. 논두렁 구멍을 다 뚫고, 옛날에는 드렁허리를 많이 잡았지. 삽으로 찔러 버리면 피가 많이 나요.)(광양시)

02 뿌담씨(괜히)

　아무 까닭이나 실속이 없는 상태를 표준어로 '괜히'라 하는데 광주·전남에서는 '뿌담씨', '무담씨', '무다니'라고 한다.
　'뿌담씨', '무담씨' 등은 어디에서 온 말일까?

　먼저 이와 같은 의미로 사용되는 광주·전남의 '매갑씨', '매겁씨', '빽없이'를 보자. 이 말은 '맥(脈, 혈맥 맥)'이나 '기력'이 없는 상태'인 '맥없이', '기운이 없이'가 '아무 까닭도 없이'로 변한 말로 보인다. 즉 '힘이 없이'에서 '이유 없이'로 뜻이 변했다. 그 모습도 '맥없이〉빽없이'로 강세가 들어가면서 경음으로 변해 왔다.
　'맥없이'는 '이유'나 '까닭'을 말하는 표준어 '며리'가 '며리 없이〉멸없이〉멜없이〉맥없이'로 변한 것으로 볼 수도 있다.
　'무담씨', '뿌담씨'는 한자어 '무단(無端)'에서 비롯된 말이다. 즉 아무런 '단서(端緒)나 이유가 없이'라는 뜻이다. 그리고 그 모습은 '무단시〉무담씨〉뿌담씨'로 변하여 왔다. '무다니', '무담씨'라고도 하는데 이들보다 '뿌담씨'는 훨씬 강세가 들어간 말임을 쉽게 알 수 있다.

　또 이들과 같은 내용으로 '아무 이유가 없이'에 해당하는 '내력없이',

'매럭없이'란 말이 있는데, 이 말도 무슨 일의 '내력(來歷)이 없이'가 '내력없이', '매럭없이' 등으로 변한 말이다. 즉 '내력(來歷)이 없다'는 뜻으로 '어떤 일의 전후 과정이 없이' 또는 '아무런 이유 없이'를 말한다. '내력없이>매럭없이'로 ㄴ-ㅁ 교체를 보인 것이다.

그런데 '뿌담씨'는 '괜히'보다 불만이 많이 섞인 말투로 느껴진다. 주로 자기보다 힘이 세거나 나이 많은 형뻘 되는 사람에게 억울한 일을 당했을 때 어른에게 고자질하는 경우에 사용하는 말이다. 그래서 불만이 섞이지 않았을 경우나 어른들이 말하는 경우는 강세가 없는 [무다니(무다이)]라는 소리에 가까우며, 그 불만이나 억울함의 강도가 클수록 강세가 덧붙여진 '뿌담씨'를 사용하게 되는 것이다.

마찬가지로 이와 같은 상황에서는 어김없이 '매겁씨'도 [빼겁씨]로 강세가 주어지며 '매럭없이'도 [매-]가 더욱 강하게 발음되어 말하는 이의 심리를 드러내려고 애쓰는 경우를 볼 수 있다.

현장 구술 담화

"뿌담씨 왜 그러냐, 너 뿌담씨 머 거런 일을 허냐, 인자 머 성질 안 맞으면 '너 머단디 나헌데 뿌담시 니가 날 건드렀지' 그러지."(괜히 왜 그러냐, 너 괜히 뭐 그런 일을 하느냐, 이제 뭐 성질이 안 맞으면 '너 왜<뭣하는데> 나에게 괜히 네가 나를 건드렸지'라고 하지.)(영암군)

03 아슴찮이(고맙게)

"나가 암것도 헌 일이 읎는디 요리 찾아온 맴이 아즘찮이요. 국물 다 식는디 싸게 드시씨요."

『태백산맥』소설의 한 구절이다. 장터댁이 하대치에게 고마워하며 하는 말, '아즘찮이요'는 이 소설에 수십 차례 반복되어 나타난다.

이 말은 상대방에게 별로 기대하지도 않던 선물을 받았을 때나 도움을 받았을 때 광주·전남에서 흔히 사용하는 말이다.

주로 '아슴찮이', '아즘찮이', '아심찮게' 등으로 사용되는데, '아슴찮이'는 어디에서 온 말일까?

광주·전남에서 '~찮다'는 앞의 부분이 그렇지 못하다는 의미로 '총찮이(총명하지 않게)', '씬찮이(시원치 않게)' 등이 있다. 그래서 '아슴찮다' 역시 '아슴하지 않다'는 의미는 분명한데, '아슴'의 의미가 무엇일까?

국어사전을 찾아보면 '아슴찮다'와 비슷한 말로, '안심찮다'라는 말이 나오는데, 이는 '남에게 폐를 끼쳐 마음이 꺼림하다', 또는 '안심(安心)이 되지 않고 걱정스럽다'로 풀이되어 있다. 그래서 '아심찮다', '아슴찮다'를 '안심찮다'에서 ㄴ이 탈락한 모습이라고 보는 견해가 우세하다. 왜냐

하면 '아심찮다'는 '안심찮다'와 비슷한 내용을 담고 있기 때문이다. '아슴찮다'는 '아심찮다'의 변이형이다.

대체로 '아슴찮다'는 예상치 않은 베풂에 하여 '고맙다'라는 의미로 해석되지만, 실제 상대방에게 '약간의 미안함과 걱정의 마음'이 담겨 있는 말이기도 하다. 그래서 '아슴', '아심'의 의미는 표준어 '안심찮다'처럼 '안심', '편안'의 의미가 담겨 있지 않은가 한다.

그래서 '아슴찮이'는 원래 상대방의 호의를 받고 난 후의 심리 상태가 '안심스럽지 않게', '편하지 않게'라는 뜻을 가진 말에서 온 것으로 볼 수 있을 것이다.

현장 구술 담화

"멋을 <u>아슴찮이</u> 요런 것을 가지고 왔소. 고맙게 해 주고 헐 때, 받은 사람은 <u>아슴찮이</u> 해 주네 그러고, 주는 사람은 웃을라고도 진찮이 내가 해 주네."(뭘 <u>고맙고 미안하게</u> 이런 것을 가지고 왔소. 고맙게 무엇을 해 주고 할 때, 받는 사람은 <u>아슴찮이</u> 해 주네 그러고, 주는 사람은 웃으려고 괜히 내가 해 주네.)(광주광역시 광산구)

04 포도시(겨우)

광주·전남에서는 표준어 '겨우'와 '빠듯이'에 대응되는 말로 '포도시', '보돕시', '보도시'란 말을 사용한다. 대체로 서부에서는 '포-'형이, 동부에서는 '보-'형이 분포하고 있다.

'포도시'는 어디에서 온 말일까?

여기에서 먼저 '포도시'의 '포-'는 '보도시'의 '보-'가 '보〉포'의 변화를 겪은 모습을 볼 수 있다. '보도시'는 중세국어의 'ᄇᆞᆺᄒᆞ다(빠뜻하다)', 'ᄇᆞᆮ시(빠뜻이)', 근대국어의 'ᄇᆞᄅ시(빠뜻이, 겨우)'에서 그 뿌리를 찾을 수 있다.

이처럼 'ᄇᆞᆺ', 'ᄇᆞᆯ'은 '겨우'라는 의미로, 여기에 '-이'가 붙어 표준어에서는 'ᄇᆞᆺ이〉바듯이〉빠듯이'로 변해 온 것에 비하여, 광주·전남에서는 'ᄇᆞᆺ이〉보도시〉포도시'로 변한 모습이다. 광주·전남에서는 역사적으로 순음(脣音) ㅂ, ㅍ 아래에서 '블셔〉폴쌔(벌써)', 'ᄑᆞ리〉포리(蠅 파리)'처럼 ㆍ〉ㅗ의 변화가 많다. 그리고 '보도시〉포도시'와 같이 ㅂ〉ㅍ 거센소리가 되는 경우는 '병풍〉팽풍', '번번이〉판판이' 등에서 쉽게 찾아볼 수 있다.

'포도시'와 상대되는 말로 '되나케나'라는 말이 있다. '포도시'가 하고 싶은 것을 '겨우' 했다는 말이라면, '되나케나'는 '어떻게 되든', '아무렇게나'에 해당하는 말이다.

흔히 '되나케나'의 '되나'만 보고 '되든지(일이) 말든지'에서 나온 말로 알고 있는 사람이 있는데, 사실은 윷놀이에서의 '도'나 '개'를 의미하는 말에서 나왔다. 윷놀이의 '도·개·걸·윷·모'를 특히 전남 동부에서는 '뙤·캐·컬·숫·모'라고 한다. '도'를 '뙤'라고 하고 '개'를 '캐'라고 하는 것이다.

그래서 '되나캐나'는 '도(뙤)'나 '개(캐)'나 '어느 것이든지', 또는 '어느 것이 나오든지' 괜찮다는 의미에서 온 말이다. 나중에 차츰 '어떻게 되든지', '마구잡이로'라는 의미를 지니게 된 것이다.

현장 구술 담화

"낭떠러지 여그 뽁뽁 사탱이 아조 끼어서 <u>포도시</u> 올라가. 그러면 여그 수제바우라고 수제도 나오고, 젓갈도 거가 기래져 있어. <u>포도시</u> 꼬불꼬불 올라가."(낭떠러지 여기 빡빡<겨우>사이로 아주 꽉 끼인 채로 <u>겨우</u> 올라가. 그러면 여기 숟가락 바위라고 숟가락도 나오고, 젓가락도 거기에 그려져 있어. <u>겨우</u> 꼬불꼬불 올라가.)(영광군)

05 허천나다
(걸신들리다)

'굶주리어 음식을 탐하는 마음이 몹시 나다'는 말을 표준어로 '걸신들리다'라 하고, 또 '몹시 굶주려 체면 없이 함부로 먹거나 덤비는 일'을 '허발들리다'라고 한다. 이러한 상태를 광주·전남에서는 '허천나다'고 말한다. '허천나다'는 어떻게 생겨난 말일까?

먼저 '허천나다'는 '허천+나다'로 이루어져 있는 말이니, '허천'을 살펴보자. '허천'은 '허공(虛空)'이나 '공허(空虛)'처럼 '비어 있거나 잃어버린 상태'를 의미하는 '허전하다'에서 오지 않았을까 여겨진다. 그래서 '허천'은 배 속이 비어 있는 상태, 즉 뱃속이 '허전하다'라는 말로 사용되어 '허전>허천'으로 변하면서 여기에 '-나다'가 붙어 '허천나다'가 된 것으로 보인다. ㅈ>ㅊ 변화는 광주·전남에서 '혼자-혼차', '바가지-바가치'처럼 쉽게 볼 수 있다.

그리고 이 '허천나다', '허천들다'는 행동을 하는 사람을 '허천배기', '허천뱅이'라고 하고, 이렇게 먹을 것을 퍼먹는 행위를 병에 든 사람으로 취급하여 '허천벵(빙)'이라고까지 표현하는 것이다. 또 당뇨를 '허천빙'이라고 하는데, 대체로 당뇨에 걸린 사람이 마구 먹어대는 특징이 있다는 점을 빗대어서 생긴 말이다.

'허천나다'는 광주·전남의 화자들에게 '허천나게'로 쓰여 '엄청나게', '아주 심하게'라는 의미를 나타낸다. 또 최근에는 이와 비슷한 말로 '허벌나게'라는 말도 생겨났다.

"왐마, 그 머시매, 노무 큰애기한테 뽀짝기리다가 갈내 아부지한테 허천나게 뚜드라 맞어 부렀담서?"(아이고, 그 사내 녀석, 남의 처녀에게 집적대다가 처녀 아버지에게 심하게 맞아 버렸다면서?)

"무안 연꽃 축제 가봉께 사람들이 허벌나게 와 부렀드라."(무안 연꽃 축제에 가보니까 사람들이 엄청나게 와 버렸더라.)

최근 젊은이들 사이에서는 두 번째 문장처럼 '허벌나게'라는 말이 '엄청나게'의 의미로 많이 사용되고 있는 것을 볼 수 있다.

---- 현장 구술 담화 ----

"허천이 났냐고, 먼 밥을 그리 허천나게 많이 묵냐? 허천벵이 들었냐?"(굶주림 병이 났냐고, 무슨 밥을 그리 걸신들리게 많이 먹니? 굶주림 병이 들었냐?)(담양군)

06 오살나게
(아주 심하게)

표준어 '엄청나게', '아주 심하게'라는 말로 광주·전남에서는 '오살나게'라는 말을 사용한다. 이 말은 원래 어디에서 온 말일까?

조선 시대 최고의 형벌로 '오살(五殺)'이란 게 있었다. '오살'은 그야말로 극형에 처할 때 사지를 찢어 죽이는 끔찍한 형벌이었다. 차츰 '아주 심하게', '엄청나게'라는 의미로 사용되고 있다.

'오살'은 대체로 '~나게'라는 말이 붙는 특징을 가지고 있는데, 이와 비슷한 말로 '징살나게'라는 말이 있다. 아마 '징그럽다'와 '오살나게'가 합성된 혼태어로 보인다.

현장 구술 담화

"저런 오살 놈의 쉬앙치가 배창시가 <u>오살나게</u> 꼴짝헝가 넘우 논에 나락을 다 뜯어 묵어 부렀네."(저 죽일 놈의 송아지가 배가 <u>심하게도</u> 고픈지 남의 논의 벼를 다 뜯어 먹어 버렸네.)(완도군)

『 전라도말 찾아보기

ㄱ

가락홀태	42	갱감	208	기영설거지	68
가새	118	거적대기	170	기영통	68
가슴애피	146	거지꼴	170	깔담살이	34
가시개	118	걸밖	84	깔망태	34
가시내	152	경통	68	깨금발	140
가실	216	고더름	110	꼬깔모자	110
가실허다	216	고페	220	꼬라지	168
가웃지기	28	골개리다	182	꼬창메주	60
간재미연	134	곰발	148	꼼마리	117
갈치배미	26	곰부랏대	46	꽃감	110
갓내다	204	공곳	148		
갓붙이다	204	구부댕이	46		
강생이	190	구사리	172	## ㄴ	
개꽃	210	구짐머리	172	나도감	208
개랑니	202	군불	32	나락가실	216
개맷바가치	46	군음석	32	남세스럽다	186
개비	114	굴레씨염	176	낭감자	18
개아찜	114	그지께	220	넘새밭	36

노락질	180	
노랑조시	198	
놈새밭	36	
느자구	165	

ㄷ

다닐랍디여	186
다랑지	26
달구가리	200
달구새끼	200
달구장태	200
당골래	165
대래비	120
대붙이다	204
도구통	66
동상아덕	158
도채비	138
돈사다	143
또가리	48
똘것	154
뚜께비개떡	58
뚝니	202

ㅁ

마챙가지	234
막동아지	132
말똥개비	138
매갑씨	236
매럭없이	237
모실댕이다	149
목사리	192
무강	24
묵갈림	30
미영쑹어리	108
밍베치매	108

ㅂ

바늘상지	122
바콩니	202
반식기	78
반짇그럭	122
밥죽	74
밥칢	210
밭호무	52
배붙이다	204
베랑박	102
벡짝	102

보돕시	240
부떡	92
부락대기	192
부사리	192
부석	92
부앳가심	156
부작댕이	70
부지땅	70
북감자	18
북새	230
불무	76
불붙이다	204
비땅	70
빤득거리다	184
빼다깐	126
빽없이	236
뺄깐	126
빼비	126
뽕나무찌께	196
뿌담씨	136
뿌락대기	192
뿌사리	192

ㅅ

사름문악	84

사채기	116	소똥구리	194	쎄훌치	203
삭걸레	116	소락대기	229	쏘내기	228
삼분벤작	31	소매	44	쑥서리바람	226
삼시랑	136	소매건지	32	쐬악배미	26
삿갓다랑지	26	소물바가치	46	씬찬허다	178
상머심	34	소불	16		
새경	34	소소리바람	226		
새릅밖	84	소청	96	**ㅇ**	
새깽이	212	솔	16	아슴찮이	238
새꺼리	56	솔찮이	8	앳가심	156
새복	222	솔하다	8	양낫	20
새쌀	22	쇠죽갈캥이	46	양반개다	142
새참	56	수내다	204	양발	112
샐팍	84	수붙이다	204	양홀태	42
서근새물	82	수사다	143	여러시	160
서끌뿌리	86	수제	74	여물간	96
서답	124	숟구락	74	여물쪼빡	46
서답방맹이	124	술참	56	여물청	96
석동아지	132	숭악허다	179	오두방정	174
선반	104	시안	218	오라부덕	158
섬지기	28	실경	104	오살나게	244
성냥간	38	실답잖다	186	올게심니	22
성냥쟁이	38	실배미	26	올게쌀	22
세발낙지	197	싸가지	165	올케	158
소두랑뚜껑	72	싹다리	212	왕도토리	210
소두방	72	싹수	165	왜낫	20

왜무시	20	지아	88	톰박니	202
왜홀태	42	지앙시럽다	180	통새	94
왜콩	20	지집사나그	164		
외약사내끼	130	짓가심	156		
외약손잽이	130	짝두새암	100	**ㅍ**	
왼작잽이	130	쪽박새암	100	판자홀태	42
용마람	80	찌께벌레	196	팔두방정	174
울떡증	146	찌찌	144	포기피	154
일가심	156			포도시	240

ㅊ

ㅈ

		참거리	56	**ㅎ**	
자마리지심	214	참꽃	210	하지감자	18
자장개비	212	참나무찌께	196	한새깽이	40
장꼬방	98	천압시도	174	항꾸네	162
장꽝	98	초벌지심	32	해름판	225
장어배미	26	총각지	62	해우쌈	64
재앙부리다	180	총찬허다	178	핸비짝	231
저실	218	추건물	83	행감치다	142
접보신	112	춘세	86	허천나다	242
정때	224	치깐	94	호랑	114
정제	90	칭이	50		
정지담살이	34				
졸복쟁이	206	**ㅌ**			
주벅	74				
지시랑물	82	타갰다	188		